Helmut Leite Amaral de Melo

Oase der Stille

Helmut Leite Amaral de Melo

Oase der Stille

1. Auflage, 2017
Adwaita-Verlag

Leite Amaral de Melo, Helmut:
Oase der Stille /
1. Auflage, 2017
Hohenpeißenberg, Adwaita-Verlag, 2017

Autor: Helmut Leite Amaral de Melo
Künstlerin: Laura Dietze
Korrektur: Julia Capulet
Lehrer: Eckhart Tolle, Samarpan, Prajnaji
Meister: Ramana Maharshi, Papaji, Sathya Sai Baba

www.adwaita-verlag.jimdo.com

Die deutsche Bibliothek - CIP Einheitsaufnahme
Ein Titelsatz für diese Publikation ist bei
der deutschen Bibliothek erhältlich.

EAN 9783934281073 Paperback
EAN 9783934281080 E-Book
Druck und Vertrieb: Books on Demand

Inhaltsverzeichnis

OM

Bhur bhuvar svar ha
tat savitur varenyam
Bhargo devasya dhimahi
Dhiyo yo nah pracodayat

Gayatri Mantra

Erdenwelt, feinstoffliche Welt,
Himmelswelt.
Wir versenken uns in die
Herrlichkeit und
den Glanz der geistigen Sonne,
damit unsere Weisheit,
die das Universum als Licht
durchdringt,
erwacht.

Vorwort - Die nie endende Suche

Menschen suchen in ihrem Leben verzweifelt nach etwas, das sie erfüllt, dass sie glücklich macht. Die meisten werden nicht fündig und erreichen ihre selbst gesteckten Ziele nicht. Sie verharren im Irrglauben, dass Erfüllung in der Zukunft und in ihren Träumen liegt, obwohl sie dort nie ankommen können.

Der Großteil der Menschen ist finanziell abhängig und der Kampf ums Überleben zerstört ihre eigentlichen Wünsche. Durch finanzielle Abhängigkeit gestalten sich Partnerbeziehungen auf Dauer oft als schwierig. Selbst wenn gefühlsmäßig alles in Ordnung ist, wird der Überlebenskampf der Familie viele Paare sie in völlige Abhängigkeit treiben. Wenn Eltern ihre eigenen Ziele im Leben nicht verwirklichten, wählten sie oft eine Art Sklavenleben, um ihren Kindern den sozialen Aufstieg zu ermöglichen.

Über 80 Prozent der Weltbevölkerung gilt als arm. Es herrscht der Irrglaube, dass Geld die Lösung für Probleme und Glück ist. So werden Eltern ihre Kinder drängen, Status und Reichtum anzustreben. Viele betäuben sich mit Alkohol, Drogen oder entfliehen dem Alltag, indem sie Idole vergöttern. Z.B. als Fußballfan, um den Schmerz oder die unbefriedigende Realität zu verdrängen. Geplagt von Sorgen und Ängsten können sie wenigstens unter Drogeneinfluss oder im Rausch der Euphorie ein „High-Gefühl“ erzeugen und sich für einen Moment frei fühlen.

Manche suchen auch Zuflucht in einer Religion, wo ihnen ein besseres nächstes Leben versprochen wird.

Neunzehn Prozent der Weltbevölkerung kann man als zur Mittelschicht gehörig ansehen, diese Menschen würde ich als Mitläufer bezeichnen. Die Mittelschicht macht sich wenig Gedanken über Politik und Umwelt und lässt sich von den Medien manipulieren, vor allem zum Konsum. Viele dieser Menschen sind nicht wirklich bösartig; es gibt unter ihnen viele Wohlmeinende, die einem nie bewusst etwas antun würden. Meist sind diese Menschen auch gebildet, zumindest so wie die Gehirnwäsche der Erfolgreichen es will. So lernen sie, was sie denken sollen. Aber auch ein Konsument ist Mittäter, wenn es um Verbrechen gegen die Menschlichkeit und Umweltverschmutzung geht. Und er ist mit für die Folgen verantwortlich, wenn er vorher nicht hingeschaut hat.
Die Droge dieser Menschen heißt Konsum und Anerkennung - durch Medien, Mode und Trends. Oft leiden sie unter dem Burnout-Syndrom, das durch starken Leistungs- und Zeitdruck entsteht. Viele wollen beweisen, dass sie besser sind - verbunden mit einem Hang zum Perfektionismus.

Ein Prozent, der Weltbevölkerung verfügt über etwa vierzig Prozent des gesamten Vermögens. Diese "Elite" gilt als sehr erfolgreich; dabei haben viele von ihnen alle moralischen Bedenken über Bord geworfen und setzen ihre Ellenbogen ein. Anstatt geistige Überlegenheit und finanzielle Macht zu nutzen, um den Schwachen oder Armen zu helfen, tun sie genau das Gegenteil.

Die Erfolgreichen greifen zu einer besonderen Art Droge - und zwar der Droge Macht. Verbunden mit der Gier nach

mehr, weiter, schöner und schneller sind sie bereit, andere auszubeuten, Kriege zu führen und die Natur zu zerstören.
So erreichen sie einen Großteil ihrer Ziele, zumindest die, die man mit Geld erreichen kann. Allerdings ist ihr Glück nicht von Dauer. Es muss durch Sinnesbefriedigung ständig genährt werden.

Natürlich schließt die eine Gesellschaftsschicht nicht Eigenschaften einer anderen aus, aber grob vereinfacht ist dieses Bild so zutreffend.

Du lieber Leser, mit welcher dieser Beschreibungen kannst du dich am ehesten identifizieren?
Kennst du einige der Merkmale, aber gehörst nicht wirklich dazu? Dann hast du dich vielleicht schon auf die nächste Stufe begeben und durchschaust allmählich die Illusion des Ganzen. Das bedeutet, dass du langsam erwachst und dabei bist, dich selbst zu finden.

Du bist nicht der erste, dem es so ergeht. Viele Menschen sind bereits vor dir diesen Weg gegangen. Man kennt sie unter dem Namen Jesus oder Buddha und liest in Büchern über sie, wie es vor tausenden Jahren war.

Die damaligen Meister leben auch jetzt unter uns. Doch wichtiger als ihre Person, ist die Lehre und das Wissen, das sie hinterlassen haben. Im Kern sind alle daraus entstandenen großen Religionen sich einig und lehren das Gleiche in unterschiedlichen Sprachen.
In diesem Buch geht es um den Kern, um den direkten Weg zur Wahrheit.

Die Welt ist im Wandel, denn unsere momentane Lebensweise wird uns spätestens in hundert Jahren vernichten. Durch Umweltkatastrophen und Knappheit der Rohstoffe wird der Lebensraum bedroht und die Gefahr eines dritten Weltkriegs wächst. Das Leben, so wie wir es jetzt kennen, wird sich drastisch ändern. Der Lebensstil der Menschen, derzeit geprägt von Stress, Zeitdruck und ständiger Reizüberflutung durch die Medien, sinkt in ihr Unterbewusstsein und erschafft inneren Lärm in Form von Gedanken. Die Gedanken erzeugen ein Gefühlschaos, das sie körperlich und psychisch allmählich krank macht.

Stille ist der Balsam für deine Seele. Ich lade dich ein in die Oase der Stille.

Verzweifelt hast du wahrscheinlich gesucht, nach Liebe, nach Glück. Immer und immer wieder wurdest du enttäuscht - und das ist gut so, denn dort, wo du suchst, wirst du nichts finden. Jetzt wo du kraftlos bist und alle Hoffnung verloren hast, kommst du zu mir.

Denn ich bin in deinem **HERZEN**.

Ich lade dich ein auf eine Reise zu dir selbst. Die Gesellschaft, deine Eltern, Freunde und Bekannte haben dir Geschichten erzählt darüber, wer du bist, wie du sein sollst und was du zu tun hast. Du lebst in einem Gefängnis von Vorstellungen, Meinungen und Konzepten. Lange warst du eingesperrt, doch die Zeit der Gefangenschaft ist **JETZT** vorbei.

Ich möchte dich tief in deinem Inneren berühren, jenseits der Rollen, die du spielst und jenseits der Maske deiner Persönlichkeit, die du aufgesetzt hast. Bist du nicht erschöpft? Ist es nicht anstrengend, immer der Beste sein zu wollen? Anerkennung von anderen Menschen zu erbetteln? Oder sich zu quälen, um die Erwartungen anderer zu erfüllen? Egal ob es die deiner Eltern, der Gesellschaft oder deiner Kinder sind.

Schließe zuerst Frieden mit dir Selbst. Lernen kannst du nur durch deine eigenen Erfahrungen. Niemand anderer kann das für dich tun. Dabei sage ich nicht, dass du keine Wünsche haben darfst und nicht im Außen dein Glück suchen sollst. Nein, im Gegenteil, ich fordere dich auf, gehe raus in die Welt, suche Liebe und Glück im Konsum, im Sex, in Machtspielchen, im Geld, in Autos, in Klamotten und Mode, im Fernsehen, in der Karriere und in der Familie. Tu es so, dass du, wenn du in diesem Moment sterben müsstest, sagen kannst:

„Ich habe mein Leben gelebt, ich kann in Frieden gehen."

Doch wohin wird dieses Ich gehen und woher kommt es? Warum bin Ich hier und was ist meine Aufgabe hier? Der Versuch, Antworten auf diese Fragen zu finden, wurde von den alten Rishis (Sehern) als „Tapas" bezeichnet. Wenn der Intellekt des Menschen reif genug ist, sich mit diese Fragen zu beschäftigen, betritt er den Pfad, der durch spirituelle Übungen (Tapas) zur Selbstverwirklichung führt. Um auf den Grund eines Sees zu schauen, muss der See still sein. Doch was wirst du vorfinden? Viel Dreck. Dieser Dreck muss aufgewirbelt werden und alles muss raus, denn was du siehst, ist noch nicht der Grund. Der Dreck, das sind all deine Vorstellungen, all das Wissen, was du angesammelt hast, all das was du gelernt hast.

Weisheit kann man nicht lernen, Weisheit ist in der Tiefe deines Herzens schon immer vorhanden und zu

finden.

Meine Funktion gleicht der eines Reiseführers, der dich auf deiner Reise vom Verstand in den Körper, dann in dein Herz und von da ins **SEIN** begleitet. Dein Sein ist dir nicht automatisch zugänglich. Vor dem Tor zum Sein warten deine unterdrückten Gefühle. Sehr oft haben Sätze gleichzeitig mehrere Bedeutungen. Wenn du ihnen jedoch gar keine Bedeutung gibst, wirst du frei sein.

Außerdem stelle ich Fragen, die dazu dienen, deine Identifikation mit deinen Gedanken zu lösen. Wenn Worte dich berühren, halte inne und spüre nach. Dieses Buch muss nicht zu Ende gelesen werden, denn dieses Buch hat kein Ende.

Dieses Blatt ist unbeschrieben, auch wenn du es beschrieben siehst.

Diese Worte sind nur Wegweiser zu etwas, das mit Gedanken und Worten nicht beschrieben werden kann. Gleichzeitig ist jedes Wort die Essenz des Gesagten. Es ist die Kraft, die das ganze Universum lenkt. Sie ermöglicht es mir, die Hände zu bewegen, um dir diese Zeilen zu schreiben. Es ist dieselbe Kraft, die dir das Augenlicht schenkt. Diese Energie ist überall, in jedem Stein, jeder Pflanze, jedem Tier, jedem Menschen. Sie verkleidet sich in Form und Gestalt, bis du sie erkennst. Es gibt nichts, wo diese Kraft nicht ist und wo sie nicht wirkt, die vielfach auch Gott genannt wird.

Solange du nicht selbst in der Lage bist, der Stille in dir zu lauschen, ist es notwendig, dass jemand dir dabei hilft. Der Verstand kann dir keinen Frieden und keine Seligkeit schenken.

HIER geht es darum, jenseits von Worten und Gedanken zu sehen. Gib deine ganze Aufmerksamkeit dem Raum jenseits der Gedanken.

Bitte halte einen Moment inne und probiere nicht darüber nachzudenken, sondern nach zu sinnen.

Überprüfe in deinem Herzen, nicht nur in deinem Verstand. Denn der Verstand ist das Hindernis für unbeschreibliche Glückseligkeit. Der Verstand wird für bestimmte Aufgaben benötigt, aber er darf nicht alles dominieren. Das Herz eines jeden Menschen kann Liebe in diese Welt bringen.

Jedes Kind konfrontiert uns mit dieser Wahrheit. Doch worauf wir unsere Aufmerksamkeit richten, das sind Krieg und Zerstörung. Wir sehen eine Welt, dominiert vom geisteskranken Verstand.

Liebe ist für den Verstand nur ein Produkt, das an Bedingungen geknüpft ist.

Das ist in Wahrheit keine Liebe!

Liebe ist unerschöpflich, kennt keine Bedingungen. Sie füllt Raum und Zeit, sie ist Er und Du. Sie unterscheidet nicht zwischen gut und böse, arm und reich, falsch oder richtig. Das was Menschen Liebe nennen, ist eher besitzergreifende Abhängigkeit, eine schöne Illusion, die immer wieder wie eine Seifenblase zerplatzt.

Als Kinder hatten wir noch Zugang zu unserem **SEIN**. Doch es wurde uns nicht erlaubt, Kind zu sein, und mit der Zeit haben wir den Zugang zu unserem Kern verloren. Unterdrückte Gefühle versperren den Weg zu unserem Herzen. Deswegen müssen sie freigesetzt und transformiert werden, wenn wir frei sein wollen.

Dieses Thema wird auf verschiedene Weise in diesem Buch behandelt und sich dabei in verschiedenen Formen immer wieder neu zeigen. Das ist hilfreich und notwendig, um Bewusstsein in Bereiche zu bringen, die wir in die Schattenwelt verschoben haben.

Ich bitte dich trotzdem, jedes Kapitel behutsam zu lesen und nicht drüber hinweg zu fliegen, in dem Glauben, dass du die Gedanken schon kennst.

Beginne **JETZT** und **HIER**, dein Leben zu leben und nicht das Leben deiner Eltern oder nach den Vorstellungen der Gesellschaft, in der du aufgewachsen bist. Wenn du es mir erlaubst, darf ich dich zurückführen zu der Quelle der Lebensfreude und du wirst sehen: Es ist einen Versuch wert.

Finde nun selber heraus , dass der Schlüssel in dein Herz zur bedingungslosen Liebe führt. Erwache aus deinem bisherigen Alptraum, und du wirst feststellen, dass du die ganze Zeit geschlafen hast und dabei den Traum für die Wirklichkeit gehalten hast.

Du kannst **JETZT** dein Leben genießen, du bist **FREI**.

Die Lüge bedarf tausender Worte und ist anstrengend. Um die Wahrheit zu sehen, bedarf es keines einzigen

Wortes, und du kannst getrost entspannen. Dieses Buch ist eine Pilgerreise in dein Inneres und wird dich mit deinen Ängsten, Werten, Urteilen und Vorstellungen konfrontieren. Nutze die Chance zu wachsen und dein Selbst zu finden. Ich möchte dich auffordern, selbst eine Erfahrung zu machen und diese Erfahrung wird sich auf dein gesamtes Leben auswirken. Ich lebe weder nach einem Glauben noch nach religiösen Regeln. Ich schreibe dir nicht vor, was du zu tun hast, was du machen sollst. Nein, ich bringe dir nur den Schlüssel, um dein Schloss zu öffnen.

Nimm den Schlüssel oder auch nicht. Diese Entscheidung überlasse ich dir. Du musst wissen, was das Beste für dich ist und das kannst nur du wissen.

Ich freue mich, mit dir diese Reise zu machen und verneige mich tief vor dir und deinem Verlangen nach Freiheit. Wir werden uns zunächst dem Weltgeschehen und den Gesellschaftsstrukturen zuwenden. Danach möchte ich auf Psychologie, Erziehung und Familie eingehen. Später betreten wir den Bereich der Meditation und Philosophie.

Das Wichtigste ist, dass wir nicht nur den Geisteszustand der Glückseligkeit erreichen wollen, den einige in einer Höhle im Himalaya zu erlangen suchen oder in der wunderbaren Natur. Nein ich möchte dir praktische Weisheit als Hilfsmittel geben, wie man in einem modernen Leben als Teil der Gesellschaft, in einer Großstadt, bei normalen Lebensumständen Stille und Glückseligkeit finden kann. Trotz Stress, mitten im Überlebenskampf.

Ein Meister schickte seine Schülerin zur Meditation auf den Marktplatz, einen Ort, wo es hektisch und laut war. Die Brücke zwischen den Welten. Wenn wir Frieden und

Glückseligkeit im Alltag finden, ist das ein großer Schritt für die Menschheit. Dafür müssen wir nicht der Welt entsagen oder gegen jeglichen Fortschritt sein.

Die Welt verändert sich ständig und schnell durch die technischen Fortschritte, daran ist nichts falsch. Wir brauchen Menschen, die zu sich selbst stehen und eigene Gedanken entwickeln, die bereit sind, nicht alles als Mittel zum Zweck zu sehen. Menschen, in denen Weisheit aufblüht und die diesen Duft in die Welt verströmen. Wir brauchen jetzt dich!

Kapitel 1 - Religion und Gesellschaft

Wie will ein Bettler einem Armen helfen?

Ein Großteil der Menschen, die den Weltreligionen folgen, wissen alles nur vom Hörensagen oder haben sich etwas angelesen. Dabei haben sie niemals auch nur eine Erfahrung gemacht. Sie haben niemals genauer hinterfragt, sondern sind davon ausgegangen, dass man alles einfach glauben solle, ohne auch nur einen kleinen Vorgeschmack der Wahrheit gekostet zu haben.

Alles auf diese Weise angeeignete Wissen und die Prägung durch Kultur, Gesellschaft und Sprache führen unweigerlich in die Irre, da jeder von verschiedenen Eindrücken geprägt wurde und jeder etwas anderes unter den gleichen Worten verstehen wird. Daher ist eine universelle Sprache nur durch Stille zu erreichen, jenseits von Form. Deswegen heißt es zum Beispiel auch, man solle das Glas leeren.

Ich weiß, dass ich nichts weiß....

Wenn man sich einen Reiseführer für ein Land kauft, selbst aber noch nie dort gewesen ist, wie kann man sich einbilden, Suchende führen zu können?

Der Glaube wurde zum Werkzeug der Illusion. Menschen lesen in Büchern, die Jahrtausende alt sind, predigen dann mit ihrem Halbwissen oder gründen Sekten oder neue Religionen.

Als dies trägt zu Krieg und Trennung bei, wird die Menschen aber niemals zusammenführen.

Warum folgt ihr nicht eurem Herzen? Ist es nicht heiliger als alle heiligen Schriften zusammen?

Das menschliche Drama - beeinflusst durch die Geschichte, die Medien, Eltern und Gesellschaft - ist noch immer das gleiche. Es gibt nichts, das ich sagen könnte, was nicht bereits gesagt wurde. Nichts, das ich schreiben könnte, was nicht bereits geschrieben wurde. Nichts, was ich fühlen, riechen, sehen, hören und schmecken könnte, was nicht schon irgendjemand vorher erfahren hätte. Es gibt keine Handlung, die nicht bereits von jemandem durchgeführt wurde. Bei den über sieben Milliarden Menschen, die heute die Erde bevölkern, können wir - in den letzten 3000 Jahren Menschheitsgeschichte - auf ungefähr 100 Generationen zurückblicken. Grob gerechnet heißt das, dass bereits 1.000.000.000.000 Billionen Menschen die Erde bevölkert haben. Alle ausgestattet mit den gleichen Trieben, dem gleichen Verlangen und ähnlichen Wünschen. So hat sich die Essenz des Lebens kaum verändert. Der Kampf ums Überleben, die ständige Suche nach dem perfekten bleibenden Moment. Sicherlich hat die Menschheit große Fortschritte in Technik und Wissenschaft gemacht und in der Vergangenheit oft das Unmögliche möglich gemacht. Aber geistig befindet sie sich noch in der Steinzeit. Manche halten sich für mächtig, weil sie Millionen Menschen kontrollieren. Aber was sind schon Millionen?

Selbst der mächtigste Mensch der Erde kann dem Tod nicht entgehen oder der Angst, alles zu verlieren, dem Verlangen, der Suche nach dem ewigen Glück. Und wie groß bzw. klein ist die Erde im Vergleich zum Universum?

Wie anmaßend ist es, wissenschaftliche Gesetze zu formulieren, wenn man nicht einmal sein Herz erforscht hat, nicht mal den eigenen Planeten kennt. Vergangene Irrtümer werden in Vergessenheit geraten.

Als Galileo vor 500 Jahren behauptete, dass die Erde rund ist, wurde er anfangs für verrückt gehalten. Damals war der Glaube verbreitet, dass die Erde eine Scheibe ist. Kolumbus segelte ins Unbekannte und entdeckte einen neuen Kontinent. Die Tatsache, dass wir vieles noch nicht entdeckt haben, heißt nicht, dass es das nicht gibt.

Jeder Mensch entwickelt sich so, wie es ihm bestimmt ist. Entsprechend den Umständen, den Einflüssen von Außenwelt, von Familie, Freunden, des Landes, der Klasse, von Erziehung und verschiedenen Sichtweisen hätte der einzelne sich nicht anders entwickeln können. Alle Entscheidungen, die du jetzt triffst, basieren auf den Erfahrungen der Vergangenheit. Du hättest nichts besser oder schlechter machen können. Entsprechend der Einflüsse von Innen und Außen hast du Entscheidungen getroffen. Du handelst jetzt deshalb anders, weil deine Vergangenheit anders war. Das soll nicht heißen, dass man machen kann, was man will, um dann alles auf die Vergangenheit zu schieben, oder zu sagen, man hätte genauso gehandelt. Nein, ich möchte ein tieferes Verständnis vermitteln, dass wir alle eins sind und nicht getrennt. Solange du dich für jemand hältst und aus deiner Vergangenheit eine Zukunft machst, mit einer Ich-Geschichte, wirst du Sklave und in einem mentalen Selbstbild gefangen sein, kontrolliert durch die Lebensumstände.

Nur ein erwachter Mensch, der seine Kraft aus dem **JETZT** schöpft, kann in das Schicksal eingreifen und

Dinge verändern, also frei entscheiden. Ob er eingreift oder nicht, ist ihm selbst überlassen. Einige wenden sich von Menschen ab, andere wiederum wenden sich Menschen zu. Beide haben Einfluss auf die Menschheit, egal ob jemand sie kennt oder nicht. Es ist wirklich unwichtig zu wissen, wer sie sind oder waren. Viele wirken im Hintergrund, ohne dass man von ihnen jemals erfahren wird.

Weltliches Lob oder Anerkennung sind unbedeutend. Letztendlich zählt nur bedingungslose Liebe.

A. Medien & Gedankenkontrolle

Die Angst davor, was andere über einen denken, die Leichtgläubigkeit und Naivität der breiten Masse, verleiht den Medien eine unglaubliche Macht. Denn sie entscheiden, wer als Held gilt oder wer skandalisiert wird. Viele Journalisten sind nicht unabhängig und frei, wie viele noch glauben. Es geht immer um Geld und die Zeitungsverlage müssen an ihnen verdienen. Würden sie Dinge schreiben, die sich schlecht verkaufen, wären sie ihren Job gleich wieder los. So liefern sie vorgefertigte Meinungen, um z. B. das Konsumverhalten der breiten Massen zu steuern und ihren eigenen Vorteil zu nutzen - nicht der Journalist selber, sondern die Drahtzieher hinter den Medien. Viele Leser übernehmen vorgefertigte Meinungen, ohne sich dessen bewusst zu sein und glauben, dass es ihre eigene ist. Oft habe ich genau das in Gesprächen erlebt. Es ist so, als ob ich nicht mit der anderen Person spreche, die sich selbst Gedanken gemacht hat, sondern nur Meinungen Dritter höre, wie von Lehrern, Eltern, den Medien, Politikern, der Familie usw. Kennst du diese nachgeplapperten Meinungen bei dir selbst?

Welche Meinungen sind es, die dich beeinflussen?

Die Medien kontrollieren die Masse. Die Masse bestimmt, wer die nächste Wahl gewinnt. Somit kontrollieren die Medien und die Masse die Politik, und die Politiker kontrollieren das Steuergeld.

Geld regiert die Welt. Das heißt, wer die Medien kontrolliert, kontrolliert die Welt. Denn man kann durch Propaganda einen Krieg anzetteln und ein Feindbild erschaffen, wobei Steuergelder in die Waffenindustrie fließen und somit wiederum in die Taschen der Drahtzieher.

In der Geschichte der Menschen gibt es genügend Beispiele dafür. Wer aus der Reihe tanzt, wird aus dem Verkehr gezogen, von einem Spinner umgebracht oder durch die Medien skandalisiert. Diejenigen, die über ausreichend Kapital und Insiderwissen verfügen, können auch durch die Medien das Kaufverhalten an der Börse beeinflussen.

Unsere Gedanken bestimmen, wer wir sind, und lenken somit unser Handeln. Die erste Art und Weise, Kontrolle und Macht über Menschen zu erlangen, besteht darin, sie süchtig zu machen. Dir wird vorgegaukelt, was du haben musst und dass es nie genug ist.

Bist du erst mal süchtig und abhängig, ist es ein leichtes Spiel, denn sie geben deinem Selbstbild Nahrung und ein Zugehörigkeitsgefühl. Dafür sind Menschen sogar bereit zu morden. Viele Sekten werden ebenfalls skandalisiert. Man hat Angst vor einer Gehirnwäsche. Die Macht wird missbraucht. Man muss viel Geld bezahlen, das wiederum in den Taschen der Bosse landet. Man muss ihren Regeln und ihren Gesetzen folgen. Es ist eine Organisation, die ihre eigene Sprache spricht. Jetzt bitte sagt mir, was ist jedes Land der Welt, jede Regierung, die eine Grenze zieht und sagt: „Das ist mein Land." Wo man Zwängen ausgesetzt ist und Regeln und Gesetze gelten und man sein Geld abgeben muss. Für mich ist jedes Land eine Sekte, eine Diktatur und Demokratie ist nur ein Scheinmantel. Heutzutage braucht man keine Gitterstäbe und Fesseln mehr. Es reicht eine subtile Gedankenmanipulation. Man muss die Sklaven dann nicht mehr zwingen zu arbeiten, sie machen es freiwillig. Weil sie etwas erreichen wollen, die Eltern stolz machen, brav sein wollen usw. Großer Wert wird hier auf die richtige Erziehung gelegt. Man nennt es Erziehung, in Wirklichkeit ist es nichts anderes als Erpressung und Gehirnwäsche, die bereits im Kindergarten beginnt, im Elternhaus, im Freundeskreis.

Man merkt den starken Einfluss von Gedanken, selbst wenn sie nicht stimmen. Was könnten die anderen über mich denken? Allein dieser Gedanke reicht, um eine Paranoia, Angst und Schuldgefühle zu erzeugen. Wir möchten nicht, dass jemand schlecht über uns denkt, und verschleiern unser wahres Wesen, um unerkannt, unangreifbar und unverletzlich zu sein. Einige ziehen es vor, Märchen zu erfinden, andere scheuen nicht davor zurück, sich selbst zu verraten. Und das nur, weil sie ein gutes Bild hinterlassen wollen. Sie geben anderen Macht über sich selbst durch ihre Gedanken.

Manche fühlen sich zugehörig, wenn sie gemeinsam über andere lästern. Das kann sehr ansteckend sein. Ohne es zu bemerken, neigt man dazu, Dampf abzulassen, unabhängig davon, ob man Recht hat oder nicht. Der Stein bringt eine Lawine ins Rollen; falsche Handlungen werden verschwiegen; der andere ins Unrecht gerückt. Die Freunde müssen einem Recht geben, denn die Geschichte wird ihnen gut verkauft. Und Freunde würden sich ja nie gegenseitig belügen. Man könnte meinen, sie sind die Jungfrau Maria, ewig heilig und unschuldig. Und die anderen sind die bösen Teufel, die man richten muss.

Viele Stammtische schöpfen dadurch eine Identität, sie erschaffen ein Feindbild, das auf andere projiziert wird, um von den eigenen Fehlern abzulenken. Viele von uns sind absolute Meister, wenn es darum geht, sich selbst gut darzustellen. Selbst große Tyrannen in der Geschichte der Menschen wurde somit als Götter angesehen und verehrt, obwohl sie ihre Untertanen wie Sklaven misshandelt, ausgebeutet, betrogen und verraten hatten. Der Einfluss der Religion hat es geschafft, sie zu Göttern zu machen. Eine Form höchster Manipulation ist das eingeredete schlechte Gewissen. Es dient als Werkzeug, damit Menschen sich schuldig fühlen, und der andere somit Macht über sie bekommt. Denn die angeblich Schuldigen werden fragen: „Was soll ich tun, um es wieder gut zu machen?“ Es wird ein Sündenbock gesucht, auf dem man herumhacken kann. Wenn es einem gelingt, in anderen Sorgen, Ängste und Schuldgefühle zu erzeugen, kann man alle Dienste von ihnen fordern, ohne dass sie merken, dass sie betrogen werden. Denn man will ein reines Gewissen haben und wenn andere sagen, dass alles gut ist, fühlt man sich gut.

Ein anders Beispiel sind Ökofreaks, die behaupten: „ Du bist schuld, dass Tiere gequält werden, Mörder.“ Sie sagen, wir sollen Verantwortung übernehmen in ihrem Interesse. Sicherlich sollte uns bewusst sein, dass großer Fleischkonsum eine Zustimmung zur Massentierquälerei bedeutet. Dennoch sind wir keine schlechte Menschen, wenn wir ab und zu Fleisch essen.

Menschen mit Herz und Menschlichkeit sind für skrupellose Machtbesessene ein Hindernis. Das verletzte innere Kind sagt, ich musste leiden und dafür müsst auch ihr leiden. Anstatt das Leidensrad anzuhalten, wird es weitergegeben, vergrößert und verschlimmert. Heutzutage bekommt man Anerkennung durch Macht, Status, Aussehen und Geld. Das verleiht einem Wichtigkeit. Keiner kümmert sich darum, wie viel Blut an den - in den Augen der Welt - erfolgreichen Menschen klebt. Habgier ist in unserer Konsumgesellschaft zu einem Wert geworden. Kaum jemand hört und lebt die Sprache des Herzens und viele beugen sich dem alten System, was seit zigtausend Jahre gleich geblieben ist, um ein bequemes Leben auf Kosten der Herzlichkeit führen zu können.

So bestimmt etwas, das bedeutungslos ist, die Zeit und den Raum und füllt unser Leben mit Inhalten, die uns unzufrieden machen.

Die gesamte gesellschaftliche Struktur ist auf diesem Prinzip aufgebaut. Wenn fünf Menschen dich für dein Aussehen bewundern, verleiht dir das ein Gefühl von Wichtigkeit. „ Ich habe das, was andere nicht haben." Durch diese Besonderheit steigert sich deine Selbstbewertung. Aus dieser Bewertung entsteht Arroganz. Man könnte es auch so ausdrücken: „Ich bin mehr wert als du!" Wäre niemand da, der sie/ihn bewundern könnte, fiele dieser aufgeblasene Wert in sich zusammen und würde ein Gefühl hinterlassen, als sei man im Stich gelassen worden.

Viele berühmte Menschen erleben genau das, denn dieses Gefühl entsteht unvermeidlich. Es basiert auf der Suche des zwanghaften Verstandes, der versucht, seine Identität aufrecht zu erhalten. Gelingt ihm das nicht, verfällt er in tiefes Selbstmitleid, ist bereit sich selbst und alle anderen zu zerstören durch Trinken, Rauchen, zu wenig Schlaf usw. Entweder regt er sich über andere auf oder er wendet Gewalt an oder wird langsam zum Selbstmörder. Wo ist der Unterschied?

Nur wenige einsame Pilger gehen einen neuen anderen Weg. Einige wenige sind ihnen gefolgt, doch haben sie sich selbst oft wieder verlaufen. Diese wenigen Menschen, die aufgebrochen sind, um unbekannte Länder des Herzens zu entdecken, ohne eine Sicherheit zu haben, geben sich vollkommen hin. Sie trotzen der Mehrheit, können Unrecht nicht einfach hinnehmen und stellten die alte Welt auf den Kopf. Einige von ihnen wurden dafür gejagt, verfolgt, eingesperrt, gehängt und verbrannt. Durch ihre Hingabe reifte ihr Herz, und sie hinterließen Spuren, denen wir heute noch bis zu einem gewissen Punkt folgen können.

B. Fremde Rollen

Es gibt verschiedene Umstände, die uns beeinflussen. Es gibt die Außenwelt, den Druck der Eltern, der Freunde, des Partners, der Kinder, der Geschwister, des Arbeitgebers. Alle sie stellen Erwartungen an uns, die wir zu erfüllen haben und deren Pflichten wir nachkommen müssen. Das Instrument, das all diese Ein- und Ausdrücke verarbeitet, ist der Verstand, woraus dann unser Selbstbild entsteht, unser Charakter und unsere Persönlichkeit.

Zum Beispiel gibt es die innere strenge Mutter, die uns peinigt, an uns herummeckert, aber auch die liebevolle innere Mutter, die uns versorgt und pflegt sowie Liebe und Trost spendet. Der disziplinierende innere Vater hat Erwartungen und übernimmt eine Vorbildfunktion. Bei Nichterfüllung werden wir verachtet und somit mit Schuldgefühlen belastet. Oder der geduldige Vater, der an uns glaubt. Alle Beispiele erfüllen ihren Sinn; man kann aus jedem Beispiel eine Kraftquelle machen, aus der man schöpfen kann.

Es gibt das innere Kind, das spielen möchte, Anerkennung will und gesehen werden möchte, das sich geborgen fühlen will. Oder das verletzte innere Kind, das wütend ist, schreit und alle möglichen blödsinnigen Sachen anstellt, um die Aufmerksamkeit der Mutter auf sich zu ziehen. Von dem inneren Kind stammen die meisten unserer Gefühle. Der innere Erwachsene besteht aus lauter Vorstellungen, wie man sich zu benehmen hat, wie man sich verhalten sollte. Aber auch Verantwortung übernehmen, erschaffen und zerstören gehören dazu. Diese inneren Instanzen führen in unserer Psyche Krieg miteinander.

Es ist wichtig, dass man all diese Rollen beachtet und sie ins Gleichgewicht bringt. Ist man sich dieser Rollen nicht bewusst, ist man für immer gefangen in einem endlosen Kreislauf von inneren Selbstdialogen, Illusionen und eingebildeten Gefühlen, die Phantomschmerzen gleichen.

Welche inneren Rollen spielst du und mit welchen Überzeugungen sind sie verbunden?

Du kannst gerne diese Überzeugungen aufschreiben. So werden sie dir bewusst und du kannst sie in deinem eigenen Leben beobachten, wenn du sie gerade spielst. Wichtig hierbei ist, diese Überzeugungen, egal ob sie gut oder schlecht sind, nicht zu beurteilen und nicht zu verurteilen, sonst neigt man zur Verdrängung und kann sich nicht von ihnen befreien.

Zum Beispiel: Ein Mensch will nicht lügen und hält sich selbst für einen ehrlichen Menschen. Falls er dann doch lügt, will er es selbst nicht wahrhaben, weil er ja ein ehrlicher Mensch ist und verdrängt die Lügen. Das wiederum spaltet seine innere Zufriedenheit. Das Kind kann die Eltern leicht täuschen, denn es weiß, was die Eltern erwarten, und es verkauft den Eltern so ein Bild von sich, das nichts mit der Realität zu tun hat, sondern das von den Eltern gewünschte Bild ist.

Hier in diesem Buch geht es nicht darum, dich zu täuschen. Sei ehrlich zu dir selbst, wenigstens zu dir selbst! Die erste Beziehung zur Erde beginnt mit der Beziehung zur Mutter. Während der Schwangerschaft ist sich das Baby aller inneren Vorgänge der Mutter bewusst. Die Nähe und Intimität lassen später das Sehnen nach einen Partner wachsen. Wobei die Medien, die Eltern, die Gesellschaft und Freunde dieses schmerzhafte Verlangen beeinflussen. Man möchte sich mitteilen, gesehen werden, gebraucht werden, etwas wert sein, um sein Leben als sinnvoll zu sehen. Ist die Beziehung zur Mutter in den ersten Kinderjahren gestört, ist es sehr wahrscheinlich, dass das Kind später in Beziehungen Schwierigkeiten mit Nähe, Hingabe und Zärtlichkeit hat. Der Vater dient als Vorbildfunktion für die Außenwelt, für den Kampf um das Überleben und den Schutz der Familie. Die Rollen mögen vertauscht werden, doch nur ein starkes Fundament erhält das Gleichgewicht und hält den Stürmen des Lebens stand.

Es ist äußerst wichtig, dass Eltern sich mit diesen Themen beschäftigen, denn diese inneren Verletzungen gleichen dem heutigen Aids, das permanent weitergegeben wird.

C. Erziehung

Jedes Kind greift nach den Sternen, hat Träume und Lebensziele. Umso mehr es aber von den Eltern beeinflusst wird (wenn die Eltern ihre Ziele nicht erreicht haben), wie zum Beispiel: „Das schaffst du nie, du kannst das nicht, mach eine Ausbildung, lerne etwas Vernünftiges, hör auf zu spinnen“, fängt es an, an seinen Fähigkeiten zu zweifeln, oder wenn Eltern sagen: „Komm mal herunter von deinem Höhenflug." Die Neigungen und Wünsche prägen sich in Menschen mit steigendem Alter stärker ein. Ich möchte der Beste der Welt im Fußballspielen sein, ich möchte einen Ferrari, ich möchte eine Familie oder ich möchte um die Welt reisen. Doch nachdem der Schüler die Schule verlassen hat, beginnt er/sie z. B. eine Lehre, die ihn angeblich für einen Beruf qualifizieren soll. Doch in Wirklichkeit wird dieser junge naive Mensch nur als billige Arbeitskraft ausgenutzt. Die Hypnose ist so stark: „Du musst studieren, du musst eine Ausbildung machen." Ich höre Eltern nie sagen: „Mach das, was dich glücklich macht, mach dein Hobby zum Beruf."

Das Kind ist finanziell abhängig von den Eltern; doch das gibt ihnen noch lange nicht das Recht, es so zu behandeln als wäre es ihr Eigentum. Manchmal wird hier auf verbrecherische Weise wie Erpressung und Gewalt der Wille der Eltern durchgesetzt und der Wille der Kinder gebrochen. Die Eltern versuchen ihr verpfuschtes Leben durch die Kinder zu leben und sind voller Angst, dass sich die Kinder ihrem Willen widersetzen. Wenn allerdings der Vater Professor ist und seinem Kind erlaubt, ein Bettler zu sein, so ist das ein weiser Mensch. Eine reife Mutter entwickelt irgendwann eine so tiefe Liebe zu ihren Kindern, dass sie sie gehen lässt und nicht festhält. Sie probiert nicht mehr, ihre Kinder zu kontrollieren, wenn sie erwachsen sind. Leider machen das viele Eltern immer noch, obwohl ihre Kinder schon selbst Kinder haben.

Das ist eine zwanghafte Kontrollsucht, eigentlich eine Form von Geistesgestörtheit, doch es wird in unserer Gesellschaft als normal angesehen.

Finde das Gleichgewicht zwischen dir, deinen Impulsen, deinem Weg und deinen Eltern, der Gesellschaft, deinen Freunden, Kunden und deinem Arbeitgeber, denen die meinen, sie seien klüger und wüssten, wie du dein Leben zu leben hast. Manchmal können sie dir eine Hilfe sein, manchmal nicht. Lass dich nicht unterdrücken, sei aber auch nicht stur wie ein Esel. Dieses Gleichgewicht zu finden, dir treu zu sein und eine harmonische Beziehung zu deiner Außenwelt zu haben, ist der Sinn deines Lebens.

Solange die Kinder nicht volljährig sind, müssen die Eltern natürlich über ihren Kopf hinweg Entscheidungen treffen. Spätestens in der Pubertät ist das vorbei. Das Kind versucht sich selbst zu finden, seinen eigenen Ausdruck. Es wird vieles ausprobieren, um an die Grenzen zu gehen.

Jetzt dienen die Eltern eigentlich nur noch als Ratgeber. Trotzdem kommt es immer wieder vor, dass die Eltern mit Gewalt ihre Kinder zwingen, ihren Anweisungen zu folgen. Oft litten diese Eltern, als sie Kinder waren, unter der gleichen Tyrannei.

Liebe zu jungen Menschen wird missverstanden, diese Liebe ist eher ein Hindernis für den Jugendlichen als eine Hilfe. Sie werden viele Sachen machen, die die Eltern nicht gutheißen, aus Trotz und Zeichen ihrer Rebellion. Denkt daran, es sind nicht eure Kinder!

Natürlich werden diese jungen Menschen hinfallen und sich verletzen. Doch das ist auch notwendig, um Gehen zu lernen. Ihr könnt sie nicht davor bewahren!

Wie war das in eurer Jugendzeit? Bietet immer eure Hilfe als Eltern an, aber ohne Bedingungen. „Du darfst weggehen, wenn du keine fünf in der Schule mehr hast" oder das Kind wird nur umarmt, wenn es brav ist. Das gleicht einer emotionalen Erpressung.

Ein Vogel stößt seine Küken vom Nest, doch kurz bevor das Küken auf dem Boden aufprallt, öffnet es seine Flügel. Es fliegt durch eigene Kraft in Richtung Sonne. Das sind die ersten Flügelschläge in Richtung Freiheit. Ich sehe viel zu oft ausgewachsene Vögel, die immer noch in ihrem Nest sitzen und sich beklagen, dass sie nicht fliegen können.

Spring in die Tiefe, hab keine Angst. Vielleicht wirst du sterben oder du wirst schweben können. Doch wenn du nicht springst, wirst du nie herausfinden, ob du fliegen kannst. Du wirst dir immer Vorwürfe machen und andere beneiden, aber nie selbst **FREI SEIN**.

Sie wissen nicht, was ihnen entgeht, denn fliegen zu können ist das Schönste am Vogelsein. Eure Kinder sind viel schlauer als ihr denkt, ihr könntet einiges von ihnen lernen.

Ihr sagt: „Meine Kinder, meine Freunde, meine Eltern, meine Arbeit, mein Partner, meine Wohnung, meine Kleidung." Alles „Mein" wird euch verletzen, wenn ihr es verliert.

Habgier ist eine Krankheit. Seid euch immer bewusst, dass euch nichts gehört.

Ihr sagt: „Meine Kleidung", doch ihr könnt die Kleidung ausziehen.

Ihr sagt: „Mein Körper, meine Gedanken." Wer seid ihr, wenn ihr euren Körper auszieht, eure Gedanken, eure Gefühle, eure Seele?

Was wird dann von euch übrig bleiben?

Im Tiefschlaf habt ihr eigentlich nicht existiert, wo wart ihr da?

Wart ihr euch des Tiefschlafs in diesem Moment bewusst?

Es gibt einen Bewusstseinszustand, der dem Schlaf sehr ähnlich ist, mit dem Unterschied dass du bei vollem Bewusstsein bist.

In Indien wird dieser Zustand Samadhi genannt. Dieses Gewahrsein ist dein eigentliches Wesen, dein Kern.

Es ist schon erstaunlich, wie beschränkt Wörter sind. Nicht nur, dass sie keine Inhalte haben und nur etwas beschreiben können, sondern dass auch Gedanken notwendig sind.

Ein kurzer Moment der Stille scheint nichts zu bedeuten, obwohl er das Bedeutungsvollste ist.

Wenn es nichts zu sagen gibt, scheint es zwischen zwei Menschen eine unangenehme Situation zu geben. Anstatt diesen ruhigen Moment zu genießen, sucht man krampfhaft nach Gedanken und Worten, die man äußern kann. Es ist selten, dieses gemeinsame friedvolle Schweigen unter mehreren Menschen, das alle genießen können, bei dem sie vollkommen anwesend sind. Meistens nennt man diese Momente - wenn z. B. zwei Menschen sich tief in die Augen schauen - Liebe oder Romantik.

In diesem stillen Moment, wenn sich zwei Wesen in ihrer Zeitlosigkeit berühren, sind alle Sorgen und Probleme verflogen. Viele verlieben sich in solch einem Moment in der irrtümlichen Annahme, dass die andere Person was damit zu tun hat. Es gibt viele Menschen, die ihre Liebe kalkulieren und sie berechnen. Schaut er gut genug aus, hat er Geld, Ansehen, kann ich mir eine Zukunft mit ihm vorstellen usw.? Jetzt wird es kompliziert, sie probiert, ihre Vorstellung von einem Traummann, ihre Ideale einem andern Menschen aufzuzwingen. Viele suchen wie mit einer Schablone, suchen, vergleichen und werden nicht fündig, und suchen weiter. Wenn sie sich verliebt, scheint alles perfekt zu sein, sie ist sehr glücklich, bis die Illusion zusammenbricht und der Mann sein wahres Gesicht zeigt.

Sie sehen beide ihre Schattenseiten. Der eine ist ein Stier und sie ein sturer Esel. Beide fühlen sich betrogen und haben das Gefühl, dass etwas fehlt. Dass er oder sie nicht der oder die Richtige ist.

Und dann suchen sie weiter. Sie scheinen sich immer von bestimmten Menschen angezogen zu fühlen, auch wenn das völlig unlogisch erscheinen mag. Sie suchen nach Resonanz oder nach dem kompletten Gegensatz. Viele Männer suchen in einer Beziehung nach einer Mutter und nicht nach einer Frau und lassen sich bemuttern. Frauen suchen oft den Vater und lassen sich dadurch bestimmen. Solche Beziehungen haben keinen Nährboden.

Viele verlieben sich auch in einen Gegenstand, die Liebe muss nicht erwidert werden.

Der Mann liebt sein Auto, aber das Auto liebt ihn nicht. Es entsteht eine Beziehung zu einem Gegenstand. Mit allen Freuden und Mühen, die damit verbunden waren, den Gegenstand zu bekommen. Man bezieht sich auf das, was man schön findet. Auf eine wunderschöne Frau durch Sehen, auf etwas Leckeres, das schmeckt, auf etwas Verführerisches, das man riecht, auf etwas Zartes, das man berührt oder auf etwas Bezauberndes, was man hört. Mit all unseren Sinnen beziehen wir uns auf unsere Außenwelt. Doch was ist mit der Beziehung zu unserer Innenwelt? Den Gedanken, den Gefühlen, dem Körper?

Achten wir auf unser Innenleben und bemerken die Signale oder werden sie unterdrückt?

Das ist der Ursprung körperlicher sowie geistiger Krankheiten. Jeder geht fremd, betrügt sich selbst!

Die Zeit lässt den Verstand entstehen, der aus Gedanken, Meinungen, Werten, Urteilen, usw. besteht. Der Verstand ist ein unheimlich komplexer Mechanismus, er verbindet die Eindrücke und verwandelt sie zum Ausdruck, erst jetzt entstehen Gedanken.

Er etikettiert, ordnet und sortiert. Bei jeder Bewertung löst er die entsprechenden Gefühle aus. Das heißt die Gedanken kontrollieren die Gefühle und der Verstand registriert sie erst danach. Wer hat seine Gedanken unter Kontrolle?

Bist du Herr deiner Gedanken oder ihr Sklave?

Kapitel 2 - Befreiung und Suche

Gefangene von Zeit und Stress!

Schön, dass du dir Zeit genommen hast. Denn wenn du dir keine Zeit nimmst, wie kannst du dann welche haben? Und wenn du sie hast, wie lange wird sie bleiben?

Tick tick tick, sie rennt wieder davon. Zeit spielt in Wirklichkeit nur eine kleine Rolle, doch wir haben ihr im modernen Leben sogar die Hauptrolle gegeben. Wir leben in einer Zeit der Kommunikation und Information. In einer Zeit der Geschwindigkeit, zum Beispiel durch das Fernsehen. Wir können nicht nur Naheliegendes in der Zeitung lesen, sondern im selben Moment erfahren, was am anderen Ende der Welt geschieht. Wir können es hören und sehen. Es ist die Zeit von Technik und Wissenschaft. Doch schau genau hin, was das Wissen schafft? Je nachdem wie wir damit umgehen, kann es das Leben erleichtern oder zerstören. Ich könnte heute in einen Flieger steigen und wäre morgen schon da. Das wäre früher unmöglich gewesen. Eine Reise hätte Wochen oder Monate gedauert. Man kann sagen, wir haben viel Zeit durch Technik gewonnen.

Wo kommt diese Zeit her?

Wir leben in einer Konsumgesellschaft, in der man viel Zeit aufwenden muss, um sich all den Luxus zu erfüllen. Doch keiner merkt, dass man davon nicht erfüllt wird. Das Gleichgewicht ist verloren gegangen, egal ob im Luxus oder in Armut. In bestimmten Ländern wie Indien wird der

Kontrast noch offensichtlicher. Die Lebensansprüche der ersten Welt sind so hoch, so kompliziert. Wie soll man da zufrieden sein?

Man ist laufend damit beschäftigt, sich seine Wünsche zu erfüllen. Doch sie sind nichts weiter als Luftschlösser. Vielleicht bringst du sie auf die Erde, doch Frieden werden sie dir nicht bringen, denn schon bist du wieder dabei, das nächste Luftschloss zu bauen. Schaut euch die moderne Medizin an: Sie kann das Leben inzwischen verlängern oder irgendwelchen Geisteskranken die Brust vergrößern. Und viele halten das für normal.

Die Lebenserwartung ist heute viel besser als früher, aber trotzdem hast du keine Zeit. Wie kann das sein? Damals hatten die Menschen noch Zeit, obwohl sie viel mehr Zeit gebraucht haben, um die gleichen Dinge zu erledigen. Wenn du sagst, du hast keine Zeit, ist das eine Lüge, denn du hast immer Zeit. Du kannst stattdessen sagen, du oder das steht nicht auf meiner Prioritätenliste oder ich habe gerade etwas Besseres zu tun, aber nicht, dass du keine Zeit hast. So wie du lebst bist du im Dauerstress und das macht dich allmählich krank. Du hast keine Zeit, die Sinnesüberflutung zu verarbeiten. Du könntest Zeit haben, denn es ist bestimmt die Hälfte deiner Termine verzichtbar. Aber dafür müsstest du natürlich deine Ansprüche herunterschrauben.

Ein Auto ist ein Fortbewegungsmittel und nicht mehr. Der Tag hat 24 Stunden. Was machst du den ganzen Tag? Bist du dabei, deine Wünsche zu erfüllen, deinen Traum wahr werden zu lassen? Oder versuchst du, die Erwartungen anderer zu erfüllen? Bedürfnisse hat jeder, davon rede ich nicht. Ich rede von der Zeitverschwendung.

Wenn du in Frieden sein willst, musst du dir als erstes Zeit für dich nehmen. Du darfst deine Energien nicht verzetteln. Bündele sie wie eine Lupe die Sonne, um einen Kraftstrahl zu erzielen. Reduziere deine Wünsche, wenn du unbedingt welche haben musst, auf das Wesentliche. Und beschäftige dich auf keinen Fall damit, die Wünsche anderer zu erfüllen. Das ist das Dümmste, was du machen kannst. Denn selbst wenn du alle Wünsche erfüllen könntest, und angenommen es kämen keine neuen hinzu, wäre das sehr anstrengend und du wärst total erschöpft. Nicht zu vergessen, deine eigenen Wünsche stehen noch in der Schlange. Sie wollen alle wahr werden. Das ist echt unmöglich und es würde dich nur frustrieren. Die Zeit rennt nicht davon, sondern du hinter ihr her.

Sei bewertungslos, frei vom Vergleichen und Urteilen. Erst dann wirst du den Himmel auf Erden erleben. Das ist das Paradies, von dem die Bibel schrieb, das Nirwana, nach dem unter anderem die Buddhisten streben. Um das zu sein, was du bereits bist, musst du nichts tun. Jegliches Tun und Bemühen wird aufhören, sobald du einfach bist. Höre auf, dich für jemanden zu halten, höre auf, etwas besitzen zu wollen, höre in dich hinein, jenseits vom Lärm der Gedanken, die du als dein eigenen bezeichnest.

Was ist **HIER**? **STILLE** und **FRIEDEN**!

Das ist deine wahre Natur, und selbst das sind nur Worte, die darauf hinweisen. Erfahren musst du es selbst. Es ist eine Erfahrung, die kein Ende und keinen Bezug zum Ich hat. Das ist das **ALL-ICH**, das Licht aller Lichter, der Ursprung der Liebe. Du kannst es nennen, wie du willst, eingebettet in deinen Glauben und deine Vorstellungen.

WER BIN ICH?

Dein Leben ist nur eine Geschichte, verknüpft mit Raum und Zeit. Wer bist du ohne Zeit, in diesem Moment, ohne Geschichte? Wer bist du?

Ich **BIN** Helmut. Ich habe dich nicht nach deinem Namen gefragt. Als du auf die Erde kamst, hattest du keinen Namen, der wurde dir später gegeben.

Wer bist du?

Ich **BIN** Arzt. Ich habe dich nicht nach deinem Beruf gefragt.

Wer bist du?

Ich **BIN** Deutscher. Ich habe dich nicht nach deinem Herkunftsland gefragt.

Wer bist du?

Ich weiß es nicht.

Du weiß nicht, wer du bist - und trotzdem läufst du zig Jahre in dieser Welt herum.

Welchen Sinn hat dein Leben?

Selbst der Dalai Lama ist ins Exil geflohen. Trotzdem bin ich davon überzeugt, dass er ein glückseliger Mensch ist. Eine so bedeutende religiöse Persönlichkeit hat zugegeben, dass sie sich ab und zu aufregt.

Ich bin dankbar für die Ehrlichkeit, denn ich bin davon überzeugt, dass es keinen einzigen Menschen auf der Welt gibt, der unendliche Geduld hat.

Auch wenn manche danach streben, ein Jesus oder Buddha zu werden, bin ich mir nicht sicher, ob nicht auch diesen Männern manchmal der Kragen geplatzt ist. Ich kenne Menschen, die zwanzig bis dreißig Jahre lang meditieren, Yoga oder andere Übungen machen, die innere Ausgeglichenheit zum Ziel haben. Sie haben Tausende von Euros für Seminare, Kurse und Prüfungen ausgegeben.

Titel erwerben, mit denen man sich schmücken kann, ist nur etwas für Proleten. Bist du ein Prolet? Es ist OK, ein Prolet zu sein. Jetzt hast du es allen bewiesen. Du bist etwas Besonderes. Irgendwann ist das Fass voll. Der eine hat ein größeres Fass, je nach der Fähigkeit, aus sich herausgehen zu können, der andere hat ein kleineres Fass mit beschränkter Sichtweise.

Wut dient als Abwehrreaktion, damit wir für unsere Interessen kämpfen. Kämpfen heißt nicht, bereit sein zu töten, sondern sich seinen Ängsten zu stellen und in eine unsichere Umgebung zu begeben. Wie ein Tier, das so lange in einem Käfig gelebt hat, dass es - wenn man es freilassen würde - freiwillig gar nicht herausgehen würde.

Beim eigenen Befreiungsakt ist Wut ein entscheidender Faktor, ohne Schmerz-Leid-Wut-Mechanismus würde sich nie etwas verändern. Innerlich zeigt die Wut die inneren Fesseln an. Besitzergreifendes Denken, Identifikation, Abhängigkeiten werden von der äußeren Welt abgezogen und nach innen gerichtet. Wir ernähren unseren Körper durch materielle Nahrung. Aber auch psychisch werden wir von den Lebensumständen und Menschen in unserer Umgebung gespeist. Ihr Selbstwertgefühl leiten die meisten Menschen von der Meinung vertrauter Personen ab, durch Beruf, Eltern und natürlich auch die eigene Selbstinterpretation.

Das kollektive Massenbewusstsein ist bestimmt von Überzeugungen, Abneigungen, Idealen und Werten - und diejenigen, die sie nicht erfüllen, werden nicht sonderlich geliebt. Doch die nicht geliebten Kinder werden älter und irgendwann werden viele von ihnen als Geisteskranke oder Verbrecher wiederkommen.

Nur wenn sie den Weg der Heilung gehen, können sie ihren Charakter transformieren. Dafür ist allerdings ein Gefängnis oder eine Psychiatrie ein ungeeigneter Ort. Diese Menschen sind Patienten. Sie sollten in einem Heilungstempel untergebracht werden und nicht eingesperrt als Verbrecher.

Eine andere Möglichkeit wäre zum Beispiel, junge Kriminelle in ein drittes Weltland zu schicken und sie dort mir Arbeiten zur Veränderung zu motivieren (Trinkwasserprojekte, Häuser aufbauen usw.).

Gründe für Konflikte sind Meinungsverschiedenheiten, Identifikation oder Unterdrückung.
Wer erschafft diesen Unfrieden? Wer sind die, die sich selbst als richtig hinstellen und die anderen als falsch? Wenn die Menschen keine Nahrung haben, leiden sie. Doch auch wenn sie Nahrung und Unterkunft haben und ihre körperlichen Bedürfnisse erfüllt sind, leiden sie!

Diese Krankheit ist das Ego!

Das Ego kann nur in der Zeit existieren. Es braucht eine Geschichte, mit der es sich identifizieren kann. Sei egoistisch und du bekommst, was du willst. Eine hübsche Frau oder einen reichen Mann, ein teures Auto, eine wunderschöne Villa, Macht und Ruhm, womit du dein Selbstwertgefühl nähren und bestätigen kannst. Doch zu welchem Preis? Ich sage nicht, dass du keinen Ferrari haben sollst oder ihn verkaufen musst und das Geld den Armen spenden sollst. Ich bin kein Moralapostel und kein Missionar. Ich selbst hatte als Erstwagen einen Porsche, einen gebrauchten Porsche, der für mich zu teuer war. Ich wollte ihn aber unbedingt haben. Jetzt habe ich ihn schon lange nicht mehr, nur die Schulden sind zurück geblieben. Aber eines habe ich erkannt: der Porsche hat mich nicht glücklich gemacht. Manche verschwenden ihr ganzes Leben damit, solchen Zielen nachzujagen. Ich war dankbar für meine Erfahrung, da ich dadurch Zeit gespart habe. Wenn ein Auto dich glücklich macht, bitteschön. Woher kommen diese Wünsche nach materiellem Reichtum? Entweder aus großer Armut oder dem Gefühl, dadurch Sicherheit zu haben!

Man sieht im Fernsehen die ganze Zeit wunderschöne reiche Menschen, die eine Villa haben, Autos usw. Dann sieht man, wie diese Menschen anscheinend von allen geliebt werden. Doch das ist ein Trugschluss, das ist keine echte Liebe. In Wirklichkeit ist Neid der Antriebsgenerator von vielen Bewunderern und Fans. Ich liebe einige Künstler und Musiker und genieße das, was sie erschaffen. Aber ich sauge sie nicht aus, belästige sie nicht und halte ihnen nicht meine Kamera ins Gesicht. Sie sind für mich Inspiration, wie ich selbst diesen Ausdruck gestalten kann oder diesen Frieden, den sie besingen oder malen, in mir finden und erreichen kann. Die Stars sind meist selber schuld, wenn sie in einem goldenen Käfig leben. Zum einem wollen sie berühmt sein und zum anderen können viele das Angeben nicht sein lassen. Es ist schön, einen Pool zu haben, eine Yacht, doch muss das doch nicht die ganze Welt wissen. Komischerweise interessiert es aber die Menschen, sonst würden nicht so viele Zeitschriften über Villen, Autos und hübsche Frauen gekauft. Weil sie selbst keine Frau haben, brauchen sie Fotos von anderen.

Du bist nicht falsch, du musst nicht besser werden, du musst dich einfach nur so akzeptieren, wie du bist, und keinem anderen erlauben, dich in dieser Selbstakzeptanz anzugreifen. Ob es Gedanken sind oder andere Menschen, wenn du in Frieden leben willst, musst du jemanden finden, der in Frieden ist - und ihn dann fragen, wie er/sie diesen Frieden gefunden hat.

Buddha war ein Prinz, er hatte eine hübsche Frau und ein Königreich. Er hatte wohl alles, was man sich so wünscht. Doch als er das Leid draußen in der Welt sah, entsagte er seinem Königreich. Warum hat er seinen Reichtum nicht dafür verwendet, den Armen zu helfen? Er hätte als König einen größeren Einfluss auf das Schicksal der Armen haben können.

Die Gründe bleiben uns verborgen und doch ist Buddha einer der bekanntesten Menschen auf dem Planeten. Warum werden Atombomben gebaut, wenn kleine Kinder verhungern? Habt ihr denn kein Mitgefühl oder habt ihr jedes Gefühl verloren und seid zu gefühllosen Maschinen geworden?

Ich lasse mich nicht vom Schein blenden und sehe durch eure Maske den Schrei nach Liebe, Geborgenheit und Anerkennung und dann sehe ich auch, wie aus diesem verletzten Kind ein Geisteskranker oder ein Roboter wird. Du siehst alles nur mit einer gefärbten Brille, mit einem Filter in deinem Kopf, der alles, was nicht in dein Weltbild passt, herausfiltert.

Ich möchte diesen Filter zerstören, es sind Gitterstäbe, die dich gefangen halten. Genauso wie das Weltbild, das du hast. Ich werde alles auf den Kopf stellen, so dass du keine Ahnung mehr hast, wer und wie du bist. Wenn du nicht weißt, wie du bist, wie kannst du dann eine Meinung haben?

Du wirst still werden und alles einfach nur noch wahrnehmen, ohne es zu beurteilen, zu bewerten oder einzuordnen. Der Frieden hat keine Meinung, keinen Standpunkt, der Frieden ist jetzt **HIER**. Nicht in deinem Verstand, sondern hier, in diesem Augenblick. Nimm deine Sonnenbrille ab und sieh mit den Augen der Weisheit, mit dem Herzen. Und was siehst du?

Gehe nach innen und schaue jetzt nach **INNEN**. Schließe deine Augen, siehst du den Zirkus in deinem Kopf? Atme, gehe in deinen Körper. Sei einfach nur still.
Bist du auf der Suche? Was suchst du? Wo suchst du? Wer sucht?

Diese Fragen bedürfen keiner Antwort, denn sie selbst sind die Antwort.

Sie beschäftigen dich, so dass du nicht wahrnehmen kannst.

HIER endet deine Suche!

HIER kommst du endlich zur Ruhe, du rastloser Geist.

Dir fehlt nichts! Alle Vorstellungen, die du hast, haben dich so lange geführt, alles Materielle hat dich nie ganz erfüllt. Jetzt ist es an der Zeit, stehen zu bleiben und wahrzunehmen.

Alles, was du zu wissen glaubst, begrenzt. Willst du frei sein?

Dann erkenne, DASs du die Grenze bist!

Die Wahrheit, nicht meine Wahrheit

Wenn du diese Zeilen liest, kann das zu einer Ver**HAFTUNG** führen.

Verbrechen ist ein Brechen der Wahrheit. Ich habe sie nicht gefunden, sonst wäre es meine Wahrheit und nicht die Wahrheit. Kein Mensch der Welt kann sie für sich beanspruchen. Es wäre dann nicht mehr die Wirklichkeit, sondern eine Vorstellung davon. Wenn du eine Erfahrung gemacht hast, wird dein Ego sich ihrer bemächtigen. Diese Erfahrung ist nur noch eine Erinnerung. Sobald sie zur Erinnerung geworden ist, ist sie nicht mehr echt. Sie existiert nur in dir, und wenn du dich daran erinnerst, erzeugst du selbst die Gefühle, die damit verbunden sind. Du stellst dir vor, wie es war, und rufst dadurch die Gefühle hervor. Das ist eine Illusion, diese Sichtweise ist nicht mehr echt. Das Ego ist sehr trickreich, es wird immer wieder Wege finden, dich zu ködern, um dich unter Kontrolle zu bringen.

Es verkleidet sich als dein(e) Geliebte / Geliebter, deine Kinder oder Eltern und Freunde. Weil du sie liebst, schenkst du diesen Gedanken deine Aufmerksamkeit. Mit der Zeit wirst du alle Bindungen aufgeben, es wird keine Abneigungen und Zuneigungen mehr geben.

Sei versunken in dein Herz, und die Menschen, die du liebst, sind auch in dir. Reise nicht mit deinem Geist zu anderen Personen, sonst wirst du abhängig von ihnen, und dein Verstand wird tausend Gründe finden, dich unglücklich zu machen. Ich kann glücklich sein, wenn mein Partner bei mir ist, und ich kann glücklich sein, wenn ich alleine bin. Es ist kein Zeichen von Liebe, dass man leidet, wenn der Partner nicht anwesend ist. Bedingungslose Liebe hat keine Erwartungen. Sie ist nicht besitzergreifend. Es ist nicht dein Partner. Er gehört sich selbst und ist frei, das zu tun, was er/sie möchte. Natürlich kann man den Ausdruck „mein Partner" weiter verwenden, aber innerlich ist man bewusst, dass diese Person einem nicht gehört. Sonst fängt man an, seinen Partner zu manipulieren, um das von ihm/ihr zu bekommen, was man sich wünscht. Das Ego verkauft dir ein Paket voller Scheiße. Die Schachtel glänzt, sie ist sogar aus Gold, und man bezahlt dafür mit seinem ganzen Leben. Schau in das Paket! Es ist voller Scheiße, und dann hüte dich davor, das nächste Paket anzunehmen, wie verlockend das auch sein mag.

DIE VERWIRKLICHUNG DER ERKENNTNIS IST TAUSENDMAL WICHTIGER ALS DER GRAD DER ERKENNTNIS.

Viele suchen einen Kick in Abenteuern, die viele Gefahren mit sich bringen. In dem Moment, wo der Surfer auf einer zwanzig Meter hohen Welle steht, ist er vollkommen präsent, eingetaucht in die Gegenwart. Er hat keine Erwartung, dass die Zukunft besser wird, die Probleme der Vergangenheit verschwinden, er macht sich keine Sorgen. All das ist jetzt uninteressant. Nur dieser Moment, diese Gefahr, nur ein Augenblick der Unachtsamkeit könnte seinen Tod bedeuten.

Sie klettern auf die höchsten Berge und in dem Moment, wenn man vom Gipfel ins Tal schaut, das Gefühl! Zu erkennen, wie klein man ist, diese Weite und Schönheit, dieses Staunen. Dieser Moment ist vollkommen, man ist absolut hier.

JETZT, kein Moment könnte besser sein. Manche springen aus dem Flugzeug, andere suchen das Gefühl im Sex, viele machen Sport, andere suchen es in ihrer beruflichen Karriere. All die Menschen werden vom selben Verlangen getrieben, nach dem vollkommenen Moment. Doch die Momente sind flüchtig, zu kurz, und immer wieder die Enttäuschung, nein, das war es nicht. Die Wege zu diesen kurzen Momenten werden immer weiter und mühsamer. Vielen fehlt die Kraft, diesen Moment noch mal zu erreichen, mit all den Erwartungen, die sie an sich selbst stellen. Einer möchte die Goldmedaille, der beste der Welt sein. Gelingt es ihm nicht, birgt das die Gefahr, in Selbstmitleid zu verfallen. Doch selbst wenn er sein Ziel erreicht, wird ihm die Flüchtigkeit dieses kurzen Momentes irgendwann bewusst.

Anerkennung und Ehrung scheinen eine Zeit lang seinen Hunger zu stillen, und doch dauert es nicht lang und die Suche geht weiter.

Es wäre so einfach, denn dieser vollkommene Moment ist immer **HIER.** Der Haken dabei ist allerdings, dass wir dem Moment Bedingungen stellen, wie er sein sollte, wie er auszuschauen hat. Das ist der Fehler.

Es kann viele Leben dauern, bis jemand zu dieser Erkenntnis gelangt.

Kapitel 3

Meditation in der Praxis und Selbstreflexion

Wenn wir in ganz alltäglichen Dingen bewusst und präsent sind, ist das mehr wert als wenn jemand zwanzig Stunden am Stück in einer Höhle in Meditation sitzt. Spüre bei jedem Schritt den Kontaktpunkt zur Materie, wie fühlt sich der Boden an? Achte bei jeder Bewegung auf den Kraftaufwand deiner Muskeln. Das Abstoßen und das Aufkommen. Sei dir jedes einzigen Atemzuges bewusst.

Wenn dir ein Mensch begegnet, stell dir vor, du begegnest ihm zum ersten Mal, auch wenn du ihn bereits kennst. Du wirst viel Lebendigkeit spüren. Ohne jede Vorstellung, die du ihm überstülpst. Keine Rolle, die er oder sie in deinen Augen spielt. Wie fühlt sich der Wind an, der deine Wangen streichelt? Nach was duftet es? Welche Farben kannst du sehen? In der Tasse Tee, die du trinkst, ist Erleuchtung. Lächle jedes Atom an und spüre die Lebendigkeit.

Sei bewusst, bei allem, was du machst.

Atme langsam und tief.

Sieh alles zum ersten Mal, und es wird alles ein Wunder sein, ein Mysterium.

Sieh die Welt mit den Augen eines Babys und gleichzeitig mit der Weisheit eines alten Mannes oder einer alten Frau.

Spürst du die Magie eines Kindes, das total spielerisch mit allem umgeht?

Wenn ein Kind vor dir steht, kannst du diese Leichtigkeit nicht übersehen.

Das ist unmöglich. Kinder sind reine Präsenz.

A. Es gibt keine Fehler

Die Fehler bei anderen zu erkennen ist keine hohe Kunst. Wenn du wütend bist, wirst du den Fehler bei anderen suchen, damit du dich über sie aufregen kannst - und du wirst mit Sicherheit fündig. Es gibt keinen perfekten Menschen auf dieser Erde.

Du hackst auf anderen herum, weist sie zurecht oder machst ihnen Vorwürfe. Du suchst ein Opfer, an dem du deine Wut auslassen kannst. Du willst dir deine eigenen Fehler oder deine eigene Verletzlichkeit nicht eingestehen. Deswegen suchst du die Fehler lieber bei anderen.

Vielleicht neigst du auch dazu, deine eigenen Fehler auch bei dir zu sehen, hackst dann aber auf dir selbst herum. Es macht keinen großen Unterschied. Entweder du verletzt die anderen oder dich selbst. Siehst du deine eigenen Fehler, dann verfalle nicht in Selbstmitleid. Schäme dich nicht, habe kein schlechtes Gewissen, lass Ausreden und Rechtfertigungen nicht zu, sondern verändere dein Verhalten. Wenn du dich angemessen verhältst, hüte dich davor, anderen Menschen vorzuschreiben, wie sie sich zu verhalten haben, sonst gleichst du einem Diktator. Vielleicht ist es nur ein Fehler in deinen Augen, wenn du denkst: „Es ist nicht so, wie es sein sollte". Doch genau die

Vorstellung, „es ist nicht so, wie es sein sollte", ist der Fehler, nicht das, was du als Fehler definierst. Beobachte dich selbst, es ist wichtig, dir selbst und anderen Fehler zu erlauben. Lass einen Freiraum entstehen, in dem jeder gemäß seiner Geschwindigkeit wachsen und lernen kann. Sei froh, dass auch du Fehler machst, denn würdest du alles richtig machen, würdest du sicherlich arrogant und hochmütig werden.

B. Geben und Vergeben

Wenn es regnet (schmerzt), kann es sein, dass die Sonne (Glück) dahinter scheint, trotzdem wirst du nass. Es geht nicht darum, schmerzende Gefühle über Bord zu schmeißen. Viel wichtiger ist es herauszufinden, was sie dir sagen wollen. Woher kommen sie und wohin gehen sie? Vor allem ist es wichtig zu wissen, durch wen oder was sie verursacht sind. Das zu erkennen bedeutet Erlösung, das Ende allen Leidens.

In deinem Inneren wird die Sonne immer scheinen, auch wenn es regnet. Gefühle spüren heißt Mensch zu sein. Freude ist Freude, Trauer ist Trauer. Es kommt nicht darauf an, durch welche Umstände die Gefühle hervorgerufen wurden. Ob sie echt sind oder nicht, das Empfinden ist immer das gleiche. Ob ein armer oder ein reicher Mensch trauert, das Gefühl ist das gleiche. Das Gefühl ist nicht mehr wert, wenn eine prominente Person stirbt, bei der vielleicht tausende Menschen trauern. Jeder Einzelne empfindet die gleiche Trauer.

Es ist wie ein Drücken in der Brust, der Hals schnürt sich zu, und die Tränen steigen in die Augen. Mag sein, dass einer es intensiver erlebt als ein anderer, weil er eine stärkere emotionale Bindung an diesen Menschen hatte. Das ist dann aber wohl der einzige Unterschied.

Sitzen ist Sitzen, Schlafen ist Schlafen, Gehen ist Gehen, Reden ist Reden. Jeder Mensch - egal aus welchem Land er stammt, aus welcher Kultur er kommt, wie alt er ist - erlebt es gleich. Der einzige Unterschied mag im Kopf existieren, in Wirklichkeit ist dieser Unterschied jedoch nur eingebildet, geprägt durch die Identifizierung mit "mein".

Liebe ist Liebe, Hass ist Hass. Hass ist das Resultat besitzergreifender Liebe, die mit Verlustängsten oder Habgier oder Sturheit einhergehen. So wie die Liebe erschafft und sehend macht, so zerstört der Hass und macht blind. Es gibt keine Rechtfertigung für Hass, egal wie sehr du Recht haben magst. Überwinde den Hass und finde stattdessen bedingungslose Liebe in dir, jenseits von Gut und Böse.

Jetzt sage mir, wo ist der Unterschied zwischen dir und mir, zwischen Freund und Feind, zwischen Mann und Frau? Lerne zu geben und zu vergeben.

Als Zeichen der Liebe zu einem Menschen nimmt man von ihm/ihr Eigenschaften, Verhaltensmuster und Werte an. Ob gute oder schlechte, das spielt in erster Linie keine Rolle.

Erkenne diese fremden Bewertungen, Urteile, Meinungen, Eigenschaften, Verhaltensmuster und Werte in dir und **befreie dich** davon.

Finde dich selbst!

Menschen belügen sich selbst und alle Menschen in ihrer Umgebung. Viele können lügen ohne mit der Wimper zu zucken. Es ist für sie etwas Alltägliches geworden. Ertappt man sie bei einer Lüge, löst das bei ihnen eine Kettenreaktion aus. Sie erfinden lieber zwanzig neue Lügen, als sich ihre Schwäche einzugestehen. Oft sind das die Menschen, die sich am meisten über Lügner aufregen.

Viele Menschen sind voll hinterlistiger Gedanken. Die Stimme in ihrem Verstand klagt und meckert permanent an den Menschen in ihrer Umgebung herum. Sie führen Selbstgespräche, was man sagen und wie der andere reagieren wird. Beobachtet man einen Menschen, der laut mit sich selbst spricht, hält man ihn für verrückt. Doch gleichzeitig ist man nicht in der Lage zu erkennen, dass man selbst permanent Selbstgespräche führt. Man möchte ein gutes Bild hinterlassen und gut vorbereitet sein. Das Gegenüber wird nie etwas von diesen hinterlistigen Gedanken erfahren, bis das Fass irgendwann mal voll ist und der Vulkan zum Ausbruch kommt. Meckert jemand über dich und es ist egal, was du auch tust, wie sehr du dich anstrengst, es richtig zu machen, es in seinen Augen falsch ist, so musst du erkennen, dass es gar nicht darum geht, es richtig zu machen. Derjenige/diejenige, der/die dich kritisiert, möchte nur seinen/ihren Frust ablassen, dich als Mülleimer benutzen, unter dem Deckmantel, dein Bestes zu wollen. Erkenne das in dir, lobe deine Kinder, deine Frau/Mann, deine Angestellten usw., wenn du siehst, dass sie den Willen zeigen, es richtig zu machen. Vielleicht wird es dann nicht perfekt sein, aber sie werden motiviert sein, sich zu verbessern. Andernfalls werden sie dich nur erdulden, weil du in einer Machtposition bist. Du schreist sie an, sie tun so, als ob sie dir Recht geben, aber hinter deinem Rücken lästern sie dann über dich.

Vielleicht hattest du einen stressigen Arbeitstag, doch wenn du nicht gestresst bist, ist es kein Problem. Trägst du den Stress mit dir immer noch herum, dann entspann dich.

Der König des wahren Reichtums ist in dir, schau nach innen.

Das Glück liegt dir zu Füßen, wie schade, wenn du das nicht sehen kannst. So muss das Glück mit sich selbst glücklich sein. Wie gerne würde es dein Herz erfreuen. Warte nicht länger, beginne **JETZT** glücklich zu sein. Vergiss die Bedingungen, die erfüllt werden müssen, damit du das Glück einladen darfst. Lass alle Erwartungen fallen und schau, was passiert. Ein tiefer Friede wird in dich sinken, kein Kampf mehr. Keine Anstrengung, du bist von der schweren Last der Traurigkeit befreit.

Was bringt es schon, wenn ich etwas über diesen Frieden schreibe? Es kann motivieren oder begeistern. Doch wozu ein Motiv? Was ist Begeisterung? Ihr werdet eine Vorstellung von Frieden haben und alles, was nicht dieser Vorstellung von Frieden entspricht, werdet ihr ablehnen. Gehe in den Garten, hole dir einen Apfel und koste ihn, dann weißt du, wie er schmeckt. Was bringt es, darüber zu reden? Du musst ihn probieren. Du musst das Selbst erfahren, es ist in deinem eigenen Garten zu finden.

Iss direkt vom Baum der Erkenntnis.

C. Natur ist reine Präsenz

Gehe in die Natur und frage einen Baum: Wer bist du?

Frage einen Vogel: Wer bist du?

Glaubst du etwa wirklich, dass ein Vogel weiß, dass er ein Vogel ist? Ihr habt ihm diesen Namen gegeben, doch der Vogel hat nichts damit zu tun. Wenn schon, dann bist du derjenige, der einen Vogel hat, nicht der Vogel! Hast du schon einmal einen Hund gesehen, der ein Vogel sein will. Er kann nicht fliegen, das ist unmöglich.

Die Tiere akzeptieren sich, wie sie sind. Es ist noch nicht einmal die Rede von Akzeptieren oder nicht. Ein Vogel macht sich keine Gedanken, keine Sorgen. Und ich habe auch noch nie einen geisteskranken Vogel gesehen. Da gibt es keinen Widerstand, aus dem der Wunsch, etwas anderes zu werden, entstehen könnte. Ein Tier hört auf seinen Körper und erfüllt all seine Bedürfnisse. Aber ein Tier hat keine Wünsche, kein Verlangen, etwas Außergewöhnliches zu werden. Es denkt über nichts nach und bestraft sich auch nicht mit Schuldgefühlen. Die Tiere leben im Gleichgewicht mit ihrer Umwelt. Menschen tun das nicht. Also, ihr müsst wirklich sehr dumm sein, noch nicht einmal das dümmste Tier kann mit eurer Dummheit mithalten.

Hast du schon einmal einen Elefanten gesehen, der mit seiner Figur nicht zufrieden ist und irgendwelche Komplexe hat? Die Natur ist gesund, frag sie! Frage die Sterne, sie werden dir keine intellektuelle Antwort geben. Aber sie werden dir tiefe Einsichten schenken. Die Natur ist ein Niemand. Bist du in der Natur schon mal jemandem begegnet, wenn ja, was hat er oder sie gesagt?

Wir haben die Natur zu etwas gemacht, sie in ein kleines Wort gequetscht. Ja wir haben sie vergewaltigt und misshandelt, auf jede erdenkliche Weise. Geh in die Berge und betrachte die Landschaft. Fahre ans Meer und höre das Rauschen der Wellen.

D. Still sein und Meditation

Wollen wir erst mit den kleinen Schritten beginnen. Meditation bedeutet für mich Nichts tun, beobachten und präsent sein.

Bis es, zu dieser Gedankenleere kommen kann, muss man verschiedene Techniken anwenden, die bewusst den Raum zwischen den Gedanken aufbrechen.

Hervorheben möchte ich den **ZEUGEN**, der nur der **BEOBACHTER** und selbst von allem unberührt ist. Auf ihn müssen wir unseren Fokus richten. Konzentration und

Disziplin sind unbedingt notwendig. Am Anfang muss der Geist erzogen werden, nach **INNEN** zu schauen, denn seine Tendenz ist es, nach außen zu gehen. Er ist wie ein Hengst der total wild ist. Du bist der Cowboy, der durch Rodeo den Hengst zähmen kann.

Das Schöne an der Meditation ist, dass man sie überall anwenden kann, denn wahre Meditation wird durch keine Umstände beeinflusst. Trotzdem gibt es Techniken oder Hilfsmethoden, wie man die Hindernisse, die sich der Meditation in den Weg stellen, beseitigen kann. Stille, die Präsenz der Natur und Tiere, sind wunderbare **LEERMEISTER**.

Du kannst sie, egal wo du dich befindest, unter welchen Umständen, bei welchen Tätigkeiten, zur Meditation nutzen. Dieses **ZEUGENBEWUSSTSEIN** muss zu deiner Heimat werden, und manchmal wirst du deinem Verstand einen Besuch abstatten, wenn es nötig ist.

Doch sobald du ihn nicht mehr brauchst, schaltest du ihn einfach ab.

Wenn du dich langweilst, kannst du das hervorragend zum still sein nutzen, um dich selbst zu beobachten. So werden Zugfahrten zur Versunkenheit in der Seligkeit und du fängst an, jede Sekunde zu leben. Sei einfach **HIER** und **JETZT** im **MOMENT** und widme hundert Prozent deiner Aufmerksamkeit der jetzigen Situation, genieße jeden Augenblick.

Gebe dich diesem Moment total hin und benutze ihn nicht als Mittel zum Zweck, sonst wirst du vielleicht zehn Prozent von deinem Leben leben, dreißig Prozent schlafen und sechzig Prozent verbringst du damit, auf etwas zu warten. Benutze diesen Moment nicht, um ein Ergebnis zu erzielen, sonst wirst du total zukunftsorientiert und flüchtest in sie.

Habe einfach Spaß bei der Sache und wenn sie keinen Spaß macht, lass es bleiben. Meditation bedeutet nicht, nur im Lotussitz stundenlang zu verweilen und sich nicht zu bewegen wie eine Statue, sondern Meditation ist jenseits von irgendwelchen Sitzpositionen oder Tätigkeiten. Es ist ein Loslassen, ein Atmen, ein Staunen, ich kann es nicht ganz in Worte fassen, es wird immer etwas fehlen.

Meditation kann viele Formen annehmen, doch sie hilft dir nur, um zum Formlosen zu gelangen. Aber du kommst auch nicht irgendwo hin, du bist schon Hier an dem Punkt.

Meditation ist dein Wesen, dein Sein.

Meditation heißt, aus dem Moment leben, aus dem Bauch.

Meditation bedeutet für mich, präsent im Jetzt präsent sein, in Stille und Schweigen.

Gottes Wesen ist Stille.

Meditation heißt für mich, mit Gott zu kommunizieren, jedoch ohne Informationsaustausch.

ES schenkt tiefen Frieden, ES ist wie ein Gebet.

Achtsamkeit, sich Selbst gewahr sein.

Es gibt Menschen, die finden in der Bewegung die Ruhe, andere im Singen, andere im Schweigen. Du musst herausfinden, welche Schlüssel dir für das **TOR** zur **SELBSTERKENNTNIS** mitgegeben wurden. Wo liegen deine Begabungen?

ATMEN und **ENTSPANNEN** sind das A und O.

Du musst dir Zeit nehmen und am Anfang ist es einfacher, wenn du dich in eine Umgebung zurückziehst, in der du nicht gestört werden kannst.

Setze dich hin, entspanne dich, atme in den Bauch.

Was geht in dir vor? Spüre deinen Körper, deinen Herzschlag.

Erlerne die Kunst des **ZEN**, oder besser gesagt, verlerne das Tun.

Schließe am Anfang die Augen, wenn du in der Natur bist, höre die Vögel singen, das Wasser plätschern, den Wind pfeifen, was auch immer da ist.

Wenn nichts da ist, höre die Stille. Setze dich aufrecht hin, denn wenn du im Liegen meditierst, kann es passieren, dass du einschläfst.

Wenn du völlig erschöpft bist, ist vielleicht ein Nickerchen die beste Meditation.

Ich kann dir keine richtige Anleitung geben, es muss aus dem **MOMENT** sein. Aus deiner **INTUITION.** Mach das, was dir Spaß macht, aber wenn du dich bewegst, sei alleine.

Es gibt nur drei Faktoren, die du vermeiden solltest, Reden, Nachdenken und Träumen. Sonst ist alles erlaubt. Denken tust du automatisch, das hast du meist nicht unter Kontrolle, und probiere auf keinen Fall, die Gedanken anzuhalten. Du solltest deinen Geist nach innen wenden, aber ohne Anstrengung. Es ist etwas Natürliches, wie ein Gedankenfluss, lass ihn fließen, höre wie die Gedanken wie das Wasser plätschern. Wenn du das Nachdenken anfängst und in Gedanken irgendwelche Orte bereist, kehre einfach zurück in dein Atmen, wenn du es bemerkst. Dein Geist braucht etwas Übung, und sei auf keinen Fall frustriert, wenn es nicht klappt. Selbst wenn du es falsch machst, ist es richtig, aber bewerte es nicht. Setze dir kein Ziel, vergiss nicht, du sollst und musst nirgendwo hinkommen, du darfst

HIER SEIN.

Atme einfach, atme tief, lass dich atmen, gib auch mit der Zeit diese Aufgabe ab an deinen Körper, denn er macht es ja die ganze Zeit.

Finde diese Leere in dir, dieses Nichts. Wir sind ansonsten immer 24 Stunden beschäftigt, selbst in der Nacht träumen wir. Wenn du nicht beschäftigt bist, bist du auch wieder mit deinen Gedanken beschäftigt, doch es gibt einen Raum zwischen den Gedanken, jenseits der Zeit, das ist die Ewigkeit. Jenseits deiner Gedanken, aber frag mich nicht, wie man dort hinkommt. Denn du bist hier, dieses Jenseits ist **HIER** und **JETZT**.

Du kannst es nicht verpassen, egal wie langsam du bist, und du kannst es auch nicht erlangen durch Geschwindigkeit. Du bist es bereits, sei dir dessen **BEWUSST**.

In dem Moment ist Zeit enthalten, die Vergangenheit, die Gegenwart und die Zukunft. Eigentlich gibt es nur das Jetzt, in der sich Zeit und Raum manifestieren und sich ständig verändern. Wenn du im Jetzt lebst, bist du Gott am nächsten.

Es gibt nur diesen **MOMENT**, der davor existiert schon nicht mehr.

Erlösung heißt, dass die Zeit keine Kraft mehr über dich hat.

Das ist Freiheit, aus Freiheit entsteht Frieden und aus Frieden Seligkeit.

Der Preis, den du für diese Freiheit zahlen musst, ist deine Persönlichkeit, dein Ego. Du musst aufhören dich für jemanden zu halten, denn du bist nichts. Wie groß bist du im weiten Universum? Und doch ist das ganze Universum in dir!

ERWACHE HIER UND JETZT!

Wie lange willst du noch warten?

Lass das Warten sein.

ERWACHE AUS DEINEM TRAUM!

ERWACHE JETZT!

Der Körper ist begrenzt, er unterliegt den Gesetzen der Natur.

Wörter sind begrenzt, sie unterliegen den Gesetzen der Sprache, der Grammatik, der Sichtweise des Betrachters und der des Schreibenden.

Gedanken sind begrenzt, sie unterliegen zwar nicht Zeit und Raum, doch können sie ohne Zeit und Raum auch nicht sein.

Gefühle sind begrenzt, sie kommen und gehen, wann sie wollen. Sie werden vom Verstand erzeugt, der eine Geschichte erzählt und sich dann deshalb selbst leiden lässt.

Ich bin begrenzt, ich bin das, wofür ich mich halte.

Was hält, kann nicht frei sein. Frei sein bedeutet nicht, ohne Grenzen sein, denn das wäre eine Grenze. Wie gerne schreibe ich über das, was sich nicht beschreiben lässt.

Wer hat geschrieben, wenn das Geschriebene ungeschrieben ist.

Ich beschreibe etwas, über das sich streiten lässt. Es ist bedeutungslos. Deswegen halte ich an keiner Seite fest. Das Schreiben ist zu Ende, als es angefangen hat. Weil sich das Schreiben nicht fangen lässt. Koste davon, doch es gehört niemals dir, genauso wie mit der Luft, die du atmest.

Das ist Freiheit, die keine Grenzen kennt, auch wenn sie in Begrenztheit lebt.

Gott gibt dir das, was du brauchst, und nicht das, was du unbedingt willst. Dein Schicksal ist die von Gott verschriebene Therapie. Gibst du dich Gott voll und ganz hin und bist damit zufrieden, wirst du erkennen, dass es perfekt ist. Nicht oberflächlich betrachtet, sondern tiefgründig. Dein Leben ist ein Meisterwerk, du bist einzigartig. Jede Schwäche, jede Macke ist ein Beitrag zu deiner Vollkommenheit.

Wenn du in deinem Herzen angekommen bist, wird es keine Fragen mehr geben. Du wirst einfach in diesem Frieden ruhen. Nur Erkenntnis kann die Fragen auflösen. Doch bis dahin wird dein Geist keine Ruhe geben. Er wird schreien und schreien, es ist ein endloses Schreien. Erst wenn er getröstet, in den Arm genommen wird, wenn all seine Bedürfnisse gestillt sind, wird dein Geist still sein. Nicht für einen langen Zeitraum, nur für einen kurzen Moment, und dann beginnt alles wieder von vorne. Willst du den Fragen ein Ende setzen?

Dann finde heraus, woher dieses Schreien kommt. Kleine Kinder weinen bei jeder Belanglosigkeit, nur um die Aufmerksamkeit der Mutter auf sich zu lenken. Bei einem Kind ist das in Ordnung, doch wenn Erwachsene das immer noch so machen, ist etwas in der Entwicklung schief gelaufen. Macht aus einer Fliege keinen Elefanten, aber macht aus einem Elefanten auch keine Fliege. Das wäre echt eine fette Fliege und die würde viel zu viel wiegen. Die Flügel, die sie bräuchte, nein, das ist Quatsch. Es ist unmöglich, einen Elefanten zum Fliegen zu bewegen. Für den einen ist es eine Fliege, aus der Sicht des anderen ein Elefant. Was du jetzt als Fliege siehst, war für dich vorher vielleicht auch ein Elefant. Ein Elefant im Porzellanladen, was kann dabei schon rauskommen?

Nachdem der Elefant einmal durch getrampelt ist, hast du auf einmal mehr Platz. An den Scherben, die auf dem Boden liegen, kannst du dich nur schneiden. Also mach aus einer Fliege keinen Elefanten, und keiner muss die Scherben aufräumen, an denen man sich so leicht verletzen kann.

Heiße den Schmerz willkommen, ohne Geschichte! Der Schmerz ist dein bester Freund. Er testet dich. Er trägt dich nach Hause. Wenn du den Schmerz voll und ganz akzeptierst, so wie er ist, ohne ihn verändern zu wollen und ohne Geschichte, wenn du ihn einlädst mit dir zu sein, wird er sich in nichts auflösen. Heiße alle Gefühle einfach willkommen. Sie möchten alle anerkannt werden. Unterteile sie nicht in gute oder schlechte Gefühle, manipuliere sie nicht. Lass sie einfach so sein, wie sie sind.

Hallo Trauer, herzlich willkommen, setze dich zu mir auf meinen Schoß. Ich liebe dich, erzähl mir, was dich bedrückt. Höre einfach zu, ohne einen Kommentar abzugeben, schenke ihr deine volle Aufmerksamkeit, das wird sie erlösen. Ohne irgendetwas zu wissen oder zu wollen. Höre einfach zu, bis sie ausgesprochen hat, tröste sie einfach mit einem Kuss oder einer Umarmung.

Der Schmerz bringt dich ins **HIER** und **JETZT,** in deine Körperempfindung. Wenn du keine Geschichte daraus machst, ist da einfach nur Schmerz. Gehe erst zum Arzt, wenn es ernsthaft schmerzt. Du brauchst nicht zu wissen, was der Arzt da genau macht. Es reicht, ihm zu vertrauen. Der Arzt in diesem Beispiel ist die Schöpfung.

ES weiß, was zu tun ist. ES ist die **KOSMISCHE INTELLIGENZ**.

Entspanne dich einfach.

Die Arbeit wird getan, auch ohne Anstrengung. Es werden Worte für diejenigen gesprochen, die sich für das Gesagte interessieren. Es wird gehandelt für diejenigen, die nach Handlung verlangen. Es wird geschwiegen für diejenigen, die die Stille suchen. Es wird gesucht für diejenigen, die glauben, etwas verloren zu haben.

So viele Dinge passieren für diejenigen, die sich für das Geschehen interessieren. Du machst alle diese Erfahrungen, bis keine Erfahrung dich mehr interessiert. Was ist denn schon Erfahrung?

Wenn sie keine reife Frucht hervorbringt, ist sie wertlos. Doch selbst die reife Frucht wird zu Boden fallen und verspeist werden. Auf wen kann die Erfahrung noch zurückgeführt werden?

Das ist die NICHTERFAHRUNG.
Das ist GEWAHRSEIN.
DAS bist DU!

Was gibt es da noch zu reden, zu handeln, zu schweigen oder zu erfahren. Es gibt nichts zu tun.

Das heißt natürlich nicht, dass man nur noch faul herumliegt. Die Welt wird in Bewegung bleiben, auch wenn sie schon stehen geblieben ist.

Ich gehe über den Sand, ohne einen Abdruck zu hinterlassen, auch wenn du einen Abdruck siehst.

ASATO MA SAT GAMAYA
TAMASO MA JYOTIR GAMAYA
MRITYOR MA AMRITAM GAMAYA

Von der Unwirklichkeit führe uns zur Wirklichkeit.

Von der Dunkelheit führe uns zum Licht
Von der Sterblichkeit führe uns zur Unsterblichkeit.

Still sein, ohne sich für den Schweigenden zu halten.
Sprechen, ohne der Sprechende zu sein.
Handeln, ohne sich für den Handelnden zu halten.
Wer diese Kunst beherrscht, ist der nicht Beherrschbare.
Das ist Freiheit, die so frei ist, dass selbst Freiheit dafür ein Gefängnis ist.
Nur erfahren kann es, wer nicht erfährt.
Ich sehe **DAS**, was von dem, der sich für den Sehenden hält, nicht gesehen werden kann. Denn das, was hält, kann nicht los lassen.

Wer los lassen will, hält am Loslassen wollen fest.

Wenn dir diese Gnade zuteil wird, gibt es nichts, auf das du stolz sein könntest. Du warst es nicht. Wenn du denkst, du warst es, hast du es nicht erkannt, sondern tust nur so. Es ist die Vereinigung von der weiblichen und männlichen Kraft. Der Vater Wahrheit und die Mutter Liebe, die das Kind Frieden bringen.

Die Rose öffnet ihre Blüten und lässt die Sonne einströmen. Sie duftet wunderbar, auch wenn es niemand bemerkt. Sie strahlt eine Schönheit aus, auch wenn es **NIEMAND** bemerkt. Bis jemand seine Augen öffnet und sieht. Doch bis dahin bleibt sie still. Sie versucht auch nicht, eine Lotusblüte zu sein, um von jemandem bewundert zu werden.

Sie ist ein **NIEMAND**.

Sie beherrscht die Kunst des **ALL-EIN-SEINS**.

Ja, sie ist der **FRIEDEN SELBST**.

Sie ist die **SCHÖNHEIT SELBST**. Sie Selbst ist das Wunder.

Ich gehe über den Sand, ohne einen Abdruck zu hinterlassen, auch wenn du einen Abdruck siehst. Bringe deinen Geist zur Ruhe, indem du keinem Gedanken erlaubst, dich abzulenken. Setze dich hin und konzentriere dich auf die Stille. Sobald du angekommen bist, ist diese Stille total erholsam, voller Energie. Du wirst dich frisch und jung fühlen.

Kommst du nicht an, wirst du ungeduldig. Deine Gedanken werden wieder von deinem Körper Besitz ergreifen und dich irgendwo hinschicken, wo du dieser Langeweile, der Leere entrinnen kannst. Die Außenwelt hat ihren Glanz verloren. Immer mehr verspüre ich das Bedürfnis, allein zu sein und zu schweigen. Immer weniger bin ich bereit, meinen Gedanken Aufmerksamkeit zu geben. Wie verlockend diese Stille in mir ist. Wunschlos glücklich zu sein oder voller Wünsche unglücklich zu sein, das ist die Frage.

Fordern und ein Bettler sein oder akzeptieren und reich an Frieden sein.

Das ist eine einfache Entscheidung, die entscheidend ist.

Das ist Vertrauen, ohne zu verstehen. Das ist Wissen, ohne zu wissen. Im Frieden sein in der Unzufriedenheit. Das ist das Geheimnis des Lebens, das nur der erkennen wird, der nicht verstehen möchte. Wenn es erfahren wurde, wie lange wird es bleiben und was wird es verändern, wenn es in diesem Erkennen nichts zu verändern gibt?

Der Bogen ist gespannt, er bringt den Pfeil in Bewegung, der dein Herz trifft. Ist dein Herz getroffen im tiefsten Kern, wirst du zerbrechen. Die ganze Fassade, die nicht echt ist, alles was aufgesetzt ist, wird von dir abfallen. Setze dich zu mir und erlerne die hohe Kunst des Schweigens. Lass alles gehen, was vergänglich ist. Welche Bedeutung kann es haben, wenn du ihm keine Bedeutung gibst? Du bist so geworden, wie es dir bestimmt war. Entsprechend deinen Lebensumständen, den äußeren Einflüssen ausgesetzt, hättest du nicht anders werden können als das, was du jetzt bist. Du hättest nichts besser, nichts schlechter machen können. Deine Handlungen entspringen deinem Bewusstsein, das bis zu diesem Moment bis zu einem gewissen Grad eingeschränkt war. Ich möchte, dass sich diese Schranken öffnen. Du bist ein Mensch, fühle dich von innen. Verwirklichung heißt, sich selbst treu zu sein. In Gedanken, Worten und Taten übereinstimmen. Du kannst nur in diesem Moment wirklich sein. Bis zum letzten Atemzug musst du wachsam sein. Erleuchtung oder Verwirklichung kann man sich nicht aneignen. Sie kann niemals dir gehören.

Im **JETZT** und **HIER** ist das ganze Universum enthalten, richte darauf deine ganze Aufmerksamkeit. Denke keine Sekunde mehr unnötig nach, gib deinen Gedanken keinen Treibstoff mehr. Komm immer wieder zurück in die **GEGENWART**. Schließe Jetzt deine Augen, sieh nach. Ich bin der **BUDDHA** (der Erwachte), der kein Buddha ist. Wenn du wirklich ein Buddha bist, sagst du keinem, dass du ein Buddha bist. Wer sich für einen Buddha hält, erkennt nicht den Buddha selbst.

Wenn du dich für eine Mutter hältst, erkennst du nicht die Mutter **SELBST.** Die Mutter aller Mütter. Die Mutter der Liebe und der Vater des Friedens kommen aus einem Ursprung - und das bist **DU**. Du bist es, obwohl du es nie sein kannst. Es gehört dir nicht, obwohl du in allem bist, wenn du all das fühlen kannst. So hast du das gefunden, nach dem du gesucht hast, etwas das du nie verloren und nie gewonnen hast. Wahre Meisterschaft hat nichts mit Kontrolle zu tun, sondern ist Hingabe an das Unbekannte.

Ein wahrer Meister ist immer ein Anfänger. Meisterschaft bedeutet, denjenigen zu erkennen, der der Meister ist und sich dementsprechend zu verhalten. Ein Meister dient nur sich selbst, denn er hat erkannt, dass es keine anderen gibt. Ein Meister hält sich nicht für einen und würde es auch nie behaupten, einer zu sei. Ein Meister lehrt nichts, er **LEERT**! Ein Meister ist niemals eine Person, sondern eine Manifestation des inneren Meisters. Der große Meister lehrt durch alle Formen. Er ist nicht auf eine Gestalt beschränkt und hat nichts mit einer Person zu tun. Das Leben ist der größte aller Meister.

Ein Meister spricht die Sprache des Herzens. Ein Meister sieht mit dem Herzen. Es gibt immer nur einen Meister. Bedingungslose LIEBE ist der höchste Ausdruck eines Meisters. Kein Meister zu sein, ist die größte **FREIHEIT!**

Kapitel 4

Anekdoten zu Selbsterkenntnis

Perlen vor die Säue

Ich bin tief getaucht. Es hat viel Mühe und Anstrengungen gekostet. Ich habe Jahrtausende tauchen (still sein) gelernt, um zur Tiefe des Meeresgrundes (Herzens) zu kommen. Ich habe die Luft angehalten (bin stehen geblieben), und nur eine falsche Handbewegung hätte all den Dreck (Vergangenheit) aufgewirbelt. Wie hätte ich in diesem Nebel von Sandkörnern (Überzeugungen) etwas sehen können. Also musste ich wieder auftauchen, um Luft zu holen, und beim Abtauchen achtete ich darauf, nicht den Boden zu berühren. Es gab am Meeresgrund verschlossene Muscheln, die ihre Perlen (Weisheit) noch nicht freigeben wollten, andere Muscheln wiederum waren weit geöffnet. Schon von weitem erkannte ich das Glitzern und Strahlen, das von ihnen ausging. Mir wurde klar, dass es nur sehr wenigen Menschen möglich sein würde, sie zu bewundern und zu bestaunen, weil ihnen die nötige Kraft (Wille) und Ausdauer (Geduld) fehlte. Sie konnten auch nicht lange genug die Luft anhalten (gedanklich stehen bleiben), um so tief zu tauchen. Also entschloss ich mich, sie an die Oberfläche mitzunehmen. Doch niemand war an ihnen interessiert. Ich sah nur Schweine und Ferkel, die sich in ihrer eigenen Scheiße wälzten und sich gleichzeitig beschwerten, dass es so stinkt. Ich warf ihnen eine Perle nach der anderen zu, doch die Schweine kümmerte es kaum. Es schien ihnen in ihrer eigenen Scheiße Spaß zu machen. Es machte mich sauer und ich rannte zu den Schweinen und schrie: "Du dummes Schwein, du fette Sau, siehst du nicht, was ich dir die ganze Zeit zuwerfe? Wie viele soll ich dir noch hinschmeißen. Du bist zu mir gekommen und hast gesagt, dass es dir stinkt und du keinen Dreck mehr willst. Ich glaube du bist wohl ein Stinktier, das von Haus aus stinkt. Entweder du kommst aus deiner eigenen Scheiße heraus und erfreust dich an den Perlen oder du bleibst in dem Dreck und bleibst stinkig. Entscheide dich, ich habe keine Zeit zu verschwenden."

Vielleicht wirst du allein sein, weil deine Freunde Schweine sind, aber wenn du unbedingt frei sein willst, nimm die Perlen. Einige, vielleicht eine Handvoll, haben sie genommen, die anderen Hunderttausend, denen ich begegnet bin, waren mehr am Schlamm interessiert. Das machte mich sehr traurig. Mir wurde klar, was werden alle Perlen des Universums bringen, wenn ich diese Freude nicht weitergeben und teilen kann. Also entschied ich mich, ein Schwein (Mensch) zu werden, und kam in den Schlamm (Erde). Doch bevor ich zu dem Zauberer (Gott) ging, der mich in ein Schwein verwandeln sollte, falls ich in Vergessenheit geraten würde, müsste mich der Zauberer daran erinnern, wer ich bin und warum ich hierher gekommen bin.

Eines Tages, obwohl ich mich wie ein Schwein fühlte und auch so aussah, würde ich wissen, dass ich keines bin. Ich fand all die Perlen wieder und erinnerte mich. Einigen Schweinen offenbarte ich sie, forderte sie jedoch gleichzeitig auf, nach ihren eigenen zu suchen. Sie sollten nicht auf mich angewiesen sein und nicht abhängig von mir werden. Mein größter Wunsch war ihre eigene Freiheit und nicht meine. Wenn sie Dankbarkeit empfinden, sollten sie sich selbst ehren und sich selbst treu sein. Erst diese

Voraussetzung würde eine erfolgreiche Reise zu ihren Meeresgrund und ihrer Weisheit garantieren. Vielleicht war meine Reise zum Schlamm erfolglos, doch wenn nur ein Schwein sie durch meine Hilfe findet, so war die Reise es wert. So beuge ich mich dem Willen des Zauberers in der Zuversicht, dass seine Liebe zu den Schweinen keine Eile hat und eines Tages die Schweine sich selbst finden werden. Oh Zauberer, wenn ich rede, hört es sich wie Grunzen an. So bin ich still und erinnere mich. :D

Das Leben ist eine Achterbahn

Nicht unter Kontrolle, ein Auf und Ab, ein Abenteuer Du bist auf einer Achterbahn und sitzt im vordersten Wagen mit einem Plastiklenkrad in der Hand. Du bildest dir ein, dass du mit diesem Lenkrad deinen Wagen steuern kannst, doch in Wirklichkeit ist es nur ein Spielzeug. Du rast mit hoher Geschwindigkeit, die Angst steht dir ins Gesicht geschrieben und du suchst nach der Bremse. Doch die ist ebenfalls aus Plastik. Du fährst Loopings und flippst völlig aus, weil du deinen Wagen nicht unter Kontrolle bringst. Der ist aber auf festen Schienen, du hast es nicht in deiner Hand. Entspanne dich und hab einfach Spaß an den Kurven des Lebens. Es ist ein Abenteuer, ein ständiges Auf und ein fallendes Ab. Solange bis du dich langweilst und diesen Zirkus durchschaust, aus der Achterbahn aussteigst und kein neues Ticket mehr kaufst, weil du die Begeisterung verloren hast.

Suche den Architekten auf, deine Fahrt ist vorbei.

Spring in die Tiefe, hab keine Angst. Vielleicht wirst du sterben oder du wirst schweben können. Doch wenn du nicht springst, wirst du nie herausfinden, ob du fliegen kannst. Du wirst dir immer Vorwürfe machen und andere beneiden, die fliegen, aber nie selbst **FREI SEIN**.

Komm auf den Boden der Realität

Du hast da eine Fliege (Gedanken). Der Verstand macht aus der Fliege einen Elefanten, der einen Haufen Scheiße produziert. Jetzt hast du eine Fliege und einen Haufen Scheiße (Widerstand). Was wird passieren? Es werden noch mehr Fliegen kommen. Aus einer Fliege sind nach kurzer Zeit Dutzend Fliegen und ein Haufen Scheiße geworden. Sind die Fliegen laut und nerven, stören sie deinen Frieden? Stinkt es dir, wird daraus Wut und dann Hass entstehen. Wie groß sind die Fliegen? Manche treibt der Hass zum Mord. Sie wollen die Fliegen umbringen. Selbst wenn du geschickt bist und alle Fliegen getötet hast, wirst du dann in Frieden sein?

Nein, du wirst einen noch größeren Haufen Scheiße produzieren, dein schlechtes Gewissen. Es ist ein endloser Kampf. Also, da ist ein Haufen Scheiße und da sind Dutzende Fliegen. Wenn du nicht in den Haufen trittst (sich identifizierst), wirst du nicht stinken. Ich weiß, es ist cool, Scheiße zu bauen, und wer am meisten stinkt, ist der Coolste. Aber lass uns das mal ganz nüchtern betrachten. Lass die Fliegen Fliegen sein und es wird auch keinen Haufen Scheiße geben. Dann bleibt nur noch eine Fliege übrig. Wenn du aufhörst zu fliegen, kannst du JETZT auf den Boden der Realität kommen!

Also mach aus einer Fliege keinen Elefanten, und keiner muss die Scherben aufräumen, an denen man sich so leicht verletzen kann. Finde zu deiner eigenen Weisheit, die nicht dir gehört.

Das göttliche Spiel

Du bist ein Eisberg geworden, deine Energie ist erstarrt. Und ich werde diesen Berg durch Liebe zum Schmelzen bringen. Das geschmolzene Eis wird fließen. Wenn du zu Wasser geworden bist, werde ich dich zum Kochen bringen und alle Bakterien abtöten. Du wirst kristallklares Wasser sein, ein Lebenselixier, pure Reinheit, und du wirst zu einem Fluss werden. Du fließt in deiner eigenen Geschwindigkeit und irgendwann wirst du ins Meer münden. Den Fluss wird es nicht mehr geben, sondern er hat sich im weiten Meer aufgelöst. Du wirst verdunsten und aufsteigen zum Himmel. Die Wolken werden dich zu jenem Ort tragen, an dem du gebraucht wirst, um den Durst zu löschen. Du wirst dich herablassen auf die Erde und einsickern in die Tiefe. Du wirst aus den Bergen, einer frischen Quelle heraussprudeln, du wirst neu geboren.

Das ist mein göttliches Spiel, beteilige dich an meinem Spiel, es wird dir so viel Spaß machen.

Komm nach Hause mein Kind, ich erwarte dich schon so lange, ich liebe dich grenzenlos. Komm in meine Arme und spüre meine Liebe zu dir. **ICH BIN** dein Atem, **ICH BIN** das Herz in dir. **ICH BIN** in dir und werde mich offenbaren, wenn du reif dafür bist. Meine Liebe hat keine Eile, sie ist unendlich. Komme mich besuchen, in deinem Herzen. Sei still und lausche nach innen. Da draußen wirst du mich nicht finden. Deine Reise ist zu Ende, betrete nun die Tür meines Hauses. Betrete den Tempel der bedingungslosen **LIEBE**.

Selbst wenn es Menschen gibt, die vollkommen sind, wird es nichts bringen, danach zu streben, so zu werden wie sie.

Sicherlich kann so ein Vorbild als Krücke genutzt werden. Letztendlich muss aber jeder auf seinen eigenen Beinen stehen. Wenn ein Mensch demütig sein will, weil er es als gut erachtet, aber in diesem Moment in seinem Herz keine Demut spürt, beginnt er zu schauspielern. Er tut so so als sei er demütig, doch in Wirklichkeit ist er es nicht. Diese vorgetäuschte Demut lässt eine Spaltung entstehen. So, wie man wirklich ist, so, wie man sein will, und so, wie die anderen über einen denken, wer man bist. Man verkauft sich selbst als etwas Besseres, um anerkannt oder geliebt zu werden. Ist es nicht anstrengend, dieses falsche Gesicht zu verbergen? Wieso und als was verkaufst du dich?

Göttlicher Nektar

Du bist die Biene mit dem unstillbaren Durst und der schmerzenden Sehnsucht nach dem Nektar der Blüte. Der Schmerz hat dich zu mir gebracht. Koste nun von dem, wonach du dich die ganze Zeit gesehnt hast. Wenn du satt bist, wird sich auch deine Blüte öffnen und alle Bienen anziehen, die sich durch deinen Duft zu dir hingezogen fühlen. Vergiss nicht, die Bienen kommen zur Blüte und nicht umgekehrt. Wenn noch keine Bienen kommen, so ist die Blüte noch nicht ganz offen. Sei einfach still und jegliches Verlangen gebraucht zu werden, wird von dir wegfallen. Eines Tages bist du allein, aber du fühlst dich nicht mehr einsam. Du brauchst nicht mit anderen darüber zu reden, verbreite einfach den Duft des Friedens. Die Bienen werden kommen, das verspreche ich dir. Bist du im Frieden mit dir selbst, gibt es keine Anklagen und keine Zurechtweisung, kein Wenn und Aber mehr. So blicken deine Augen in die Tiefe deines Herzens und dein Herz zeigt auf die göttliche Gegenwart in dir. In tiefster Demut, mit geöffneten Geist und der Reife deines Herzens wirst du berührt. Von dem Schöpfer und der Schöpfung selbst. Kein Umweg ist mehr nötig, nicht über eine andere Person, nicht über die Natur und nicht über Tiere. Du bist des Kusses würdig, der dich in die Knie zwingt, und es fließen ganze Bäche von Tränen der Erlösung durch dein Herz und deine Augen.

Ist all der Schmerz besänftigt und weggespült, dein Herz und deine Augen rein, dann wirst du nochmal in deinem geistigen Auge deine Lebensgeschichte durchlaufen, die wie ein Film auf der Leinwand erscheint, bei dem du jetzt der Zuschauer bist. **JETZT** bist du nicht mehr - die Geschichte ist vorbei. Für die Außenwelt wirst du zwar noch die dir zugeteilten Rollen im Film der Menschen spielen, doch du weißt, dass sie nicht echt sind.
Du bist nur noch Gnade. Die Sonne der Gnade ist in deinem Herzen aufgegangen. Sie berührt, wärmt und bringt Licht dorthin, wo Menschen in Angst leben und sich in der Dunkelheit verirrt haben. Das ist kein Märchen und kein Ausschnitt aus der Bibel. Nein, ich selbst erlebe es jeden Moment und bin die lebendige Verkörperung dieser Wahrheit, genau wie ihr es seid. Ihr befindet euch noch im Tiefschlaf eurer Seele, doch ich bin **HIER,** um dich aus deinem Albtraum zu wecken.

WACH AUF, DU BIST FREI.

Der Garten eines Meisters

Erst wenn du ein **NIEMAND** bist, kannst du etwas werden.

Erst wenn du etwas warst, kannst du ein **NIEMAND** sein.

Du bist ein Gärtner und nur für deinen eigenen Garten verantwortlich. Du stehst auf einem verdorbenen Acker. Um aus dem Acker einen Garten (Paradies) zu machen, Früchte (Liebe) zu ernten und Blüten (Frieden, Seligkeit) wachsen zu lassen, muss als erstes der Boden aufgelockert werden. Alles Unkraut (Egobedürfnisse) muss mit der Wurzel entfernt werden. Lege den Samen (Bewusstsein, Hingabe) in die Erde. Um das Wetter brauchst du dich nicht zu kümmern, das liegt nicht in deinen Händen. Vertraue auf die Natur der Dinge. Du möchtest am liebsten nur Sonnenschein (Glück), doch ohne Regen (Schmerz) können die Blüten nicht gedeihen und auch keine Früchte bringen. Pflege die Pflanzen und Blumen wie eine Mutter, die sich um die Kinder kümmert, mit Sanftheit, Geduld und Liebe. Die Blüten werden sich öffnen, wenn ihre Zeit gekommen ist, hab Geduld. Nur wenn sie kein Licht und Wasser bekommen, verkümmern sie.

Die Früchte kann man erst ernten, wenn sie reif sind. Wenn du sie vorher pflückst, werden sie sauer und sind nicht zu genießen. Heiße sie willkommen, ohne Erwartung an sie, und du wirst überrascht feststellen, dass sie sich so wunderbar entfalten, wie du es dir nie hättest träumen lassen. Entspanne einfach und genieße es, das Heranwachsen deiner eigenen Schöpfung zu beobachten. Und wenn es soweit ist, wird sich der Lotus öffnen und einen Duft verströmen, der dich verzaubern wird. Die Orchideen öffnen ihr zartes Wesen und lassen dich an ihrer Liebesbeziehung zur Erde teilhaben. Die Rose öffnet ihre Knospen und verwandelt sich zur reinen bedingungslosen Liebe. Diese Blüten werden dir das Gebet der bedingungslosen Liebe zeigen und dich einweihen in das stille Gebet der Hingabe an das Unbekannte.

Wenn aus den Pflanzen Bäume geworden sind, die tief in der Erde (Wahrheit) verwurzelt sind, und wenn ihre Äste zum Himmel (Satguru, höheres Selbst) hinauf ragen, wirst du die ersten Früchte erblicken. Du wirst Staunen wie ein kleines Kind. Nachdem die ersten Früchte zu Boden gefallen sind, kannst du sie genießen und so lange essen, bis dein Hunger gestillt ist. Wenn du mehr Früchte erntest als du selbst benötigst, kannst du sie her schenken, und wenn du sie verschenkst, zeige ihnen, wie man selbst einen Baum wachsen lassen kann. Das Verschenken wird dir solche Freude bereiten, dass all das Warten und Bemühen vergessen ist, und diese Freude wird dein Herz berühren. Dein Herz wird sich öffnen und reine Gnade wird heraus fließen und alle Menschen berühren, die in deinen Garten kommen. Lade sie in deinen Garten ein und rede nicht so viel, sondern zeige ihnen die Früchte und die Blüten. Zeige ihnen das Geheimnis des Erblühens.

Und wenn diese Menschen selbst zu Meistern ihrer Gärten werden, wird deine Seele erhoben und du wirst in Gottes Augen sehen, du wirst seine grenzenlose Liebe spüren. Doch nicht vorher, denn diese Liebe würde dich zerstören, du könntest sie nicht ertragen. Du würdest dich auflösen und einfach wegfliegen.

Du wirst **EINS** mit dem Universum.

Du erkennst dich selbst.

Habe Mut, Meister deines Gartens zu werden.

Inneres Feuer

Mein Herz brennt lichterloh und der Funke springt über. Brennt erst einmal das Feuer in deinem Herzen, mag es auch noch so klein sein, so vertreibt es die Dunkelheit weit und breit. All die Motten des Hasses, die dich innerlich zerfressen, werden angezogen. Sie können dem Licht nicht widerstehen und verbrennen in ihm. So lässt jede Motte die Flamme noch heller und stärker leuchten. Schmeiße all deine Sehnsüchte, Hoffnungen und Erwartungen hinein. Siehe wie sie brennen. Schmeiße alle deine Zu- und Abneigungen, Ideale, Werte, Meinungen und Urteile hinein. Weg mit dem Müll. Ja selbst die ganze Welt, alles Wissen, alle Überzeugungen. Wirf all die Besonderheit und Wichtigkeit hinein.

Befreie dich von allen Schmerzen und Freuden der Vergangenheit. Von all deinen Erwartungen, Enttäuschungen, allem Hass, der Gier und deinen Wünschen. Und schließlich schmeiße dich selbst hinein, dein Ich. Höre die Stille in tiefstem Schweigen, selbst wenn es um dich herum laut ist. Rieche den Duft des Friedens, der keinen Krieg kennt. Spüre die Liebe, die keinen Hass kennt. Sehe die Wahrheit, die keine Lüge kennt. So dass dein Hunger gestillt werde und die Suche ende, die Qualen erlöst, das Leiden überwunden, die Erkenntnis, dass du es bist, der in allem ist. Wie könntest du Pech haben, wenn du erwartungslos bist? Wie könntest du lügen, wenn du dich deinen Ängsten stellst und nichts Persönliches für dich haben willst? Wie könntest du hassen, wenn du erkennst, dass du in allem bist und jeder nur so handelt, wie es ihm bestimmt war?

Worum betteln und hungern, wenn du der König des Reichtums bist. Warum solltest du noch suchen? Komm zur Ruhe, entspanne dich. All die Mühen, das Kämpfen, hat dich zu diesem Punkt gebracht. Du kannst Recht haben und über andere richten oder den Frieden dem Henker vorziehen. Lass es los. Und wenn du alles verloren hast, was du zu besitzen geglaubt hast, wirst du erkennen, dass all das nur ein Spiel ist und alles, was du erlebt hast, nur eine Illusion war, in deinem Geiste, der seine Bilder in die Welt projiziert hat.

Zeit und Raum kommen aus einem Ursprung und das ist Jetzt. Nie wirst du etwas in der Zukunft erkennen oder erfahren können. Du erlebst es immer nur jetzt. Du glaubst vielleicht, dass es die Vergangenheit gebe und die Zukunft sein wird. Jetzt ist der Schlüssel zu deiner wahren Natur. Ich könnte es in Worte fassen, doch es ist wortlos. Du musst selbst herausfinden, was es ist. Worte und Meinungen bringen dich nicht dorthin. Nur die Stille öffnet dir die Pforten in ein neues Bewusstsein.

Brief meines Meditationslehrers, der mir den spirituellen Namen Sugata gab

Lieber Sugata,

ich freue mich, dich zu erkennen. Ich bin glücklich, dass ich derjenige bin, der erkennen kann, dass dieses Erwachen in dir geschieht. Ja, es ist einsam, wenn man inmitten von Leuten lebt, die nicht die Schönheit sehen können, die du bist, aber das Leben ist uns beiden gegenüber freundlich, wenn es uns so zusammen bringt. Ich bin glücklich mit dir und freue mich, mit dir zu sein. Mir gefällt die Idee, ein Buch zu schreiben. Es wird dir helfen, dir über viele Dinge im Leben klar zu werden. Wann immer du das Gefühl hast, mir etwas mitzuteilen, werde ich es gerne lesen.

Es ist wahrscheinlich nicht nötig, das ganze Buch auf Englisch zu übersetzen, aber ich freue mich, mich mit dir über die Teile, die der Klärung bedürfen, auszutauschen. Ich überlasse es dir. Denk daran, es geht nicht darum, dass jemand dich erkennt. Es reicht wirklich aus, wenn du deine eigene Erleuchtung erkennst und der Stille statt dem Verstand deine Aufmerksamkeit gibst. Achte beim Schreiben darauf, ob es dich mehr in Frieden oder in den Verstand bringt. Wenn Gefühle hochkommen, halte an, und heiße sie ohne die Geschichte willkommen. Das wird dir helfen, alle übrig gebliebenen Schmerzen aus der Kindheit zu heilen. Das ist der Reinigungsprozess, der sich einige Zeit fortsetzen wird.

Während dieser ganzen Zeit wird die Wahrheit in dir tiefer werden. Du wirst mehr in der Wahrheit geerdet. Ich bin glücklich, dich während dieser höchst wichtigen Zeit zu begleiten. Du kannst dich frei fühlen, mir alles zu erzählen, was hochkommt.

Denk daran, ich bin nur dein eigenes Selbst.

Mit all meiner Liebe Samarpan
(September 2003)

Zum Autor:

Gebürtiger Name: Helmut Leite Amaral de Melo

Ich bin 1982 in Brasilien geboren und großenteils in Deutschland aufgewachsen. Geprägt von vielen traumatischen Erfahrungen in meiner Kindheit, geriet ich in meiner Jugendzeit auf eine leicht kriminelle Laufbahn mit starkem Drogen- und Alkoholkonsum.

Nachdem ich mehrere Lehren abgebrochen hatte, ging ich mit 17 zur Bundeswehr und wurde zur Krisenreaktionskraft ausgebildet. Im Alter von 18 Jahren hatte ich erste Astralreisen, in denen ich bei vollem Bewusstsein meinen Körper verließ.

Ich hatte viele Visionen und Erfahrungen mit Hellsehen. Im Alter von 20 begegnete ich das erste Mal Eckart Tolle und hatte ein tiefgreifendes Erlebnis, das mein Leben veränderte. Danach begann ich, viele Religionen zu studieren und alle möglichen Bücher über Philosophie und Psychologie zu lesen. Mit 21 reiste ich nach Indien, um einen Monat lang in einem Tempel zu meditieren und dort Sathya Sai Baba, einen Heiligen, zu treffen.

Als ich zurück kam verlor ich alles, was ich hatte, Freunde, Arbeit und Wohnung. Ich meditierte unaufhörlich mit dem brennenden Verlangen, Gott zu begegnen, bis zu sechzehn Stunden am Tag. Kurz darauf erreichte ich den Samadhi-Zustand, von dem viele heilige Schriften berichten. Einen Monat verweilte ich in tiefer Glückseligkeit, als ich meinen Meister in allen Formen und Lebewesen erkannte.

Später traf ich weitere Meditationslehrer, u.a. Samarpan, der mir später den Namen Sugata gab. Ein anderer Name für einen Buddha. Er deutet darauf hin, dass Buddhas einen Zustand makelloser und unzerstörbarer Glückseligkeit erlangten. Lange war Samarpan ein wichtiger Lehrer, aber auch Prajnaji war wichtig für mich. Von ihr bekam ich den Namen Dharma. Der Dharma ist die Ethik, nach der Menschen sich verhalten sollten, die Tugendhaftigkeit. Es bedeutet, dem eigenen Gewissen zu folgen. Dharma ist die kosmische Ordnung.

Viele Lehrer bestätigten unabhängig voneinander dieses Erwachen, einige bezeichneten mich auch als Rishi, was soviel wie Seher oder Weiser heißt, und meinten, dass ich Lehrer sein werde. Ich selbst sehe Ramana Maharshi als meinen Meister an. Es fiel mir schwer, mich in die Gesellschaft zu integrieren und viele Versuche scheiterten, beruflich sowie in Beziehungen.

Ich wollte wieder mit Leuten in meinem Alter zu tun haben, in den Meditationskreisen war der Durchschnitt 30 bis 40 Jahre alt. Ich wusste, dass mir bodenständige Erfahrungen und vor allem Wurzeln fehlten, um selbst Lehrer zu sein. Also entschloss ich mich, mein Leben dem Tanz zu widmen. So verbringe ich jede freie Sekunde mit Tanzen. Der Tanz war für mich die einfachste Form, in den Moment zu kommen, und ich lernte viele junge Menschen kennen. Meine finanziellen Probleme lösten sich auf und kurzzeitig fand ich Erfüllung in einer wundervollen Beziehung, nach der ich mich so sehr gesehnt hatte.

Doch der hektische Beruf und das Stadtleben mit der Sinnesüberflutung und dem Stress beeinflussten mich sehr und ich vergaß allmählich, wer ich war und warum ich hier bin. Der Verstand übernahm immer mehr die Kontrolle.

Und hier bin ich wieder und schreibe dir diese letzten Zeilen. Wir müssen uns immer wieder an die Wahrheit erinnern und sie verinnerlichen. An diesem Werk schrieb ich knapp fünfzehn Jahre. Das Studieren der heiligen Schriften, das Praktizieren, und die Erfahrungen im Alltag formten mich zu dem, was ich jetzt bin. Unsere Taten zählen mehr als tausend Worte

Von ganzem Herzen
Helmut Leite Amaral de Melo